ちくま文庫

今夜も赤ちょうちん

鈴木琢磨

筑摩書房

今夜も赤ちょうちん【目次】

今夜も赤ちょうちん

本書は、二〇〇九年に青灯社から刊行された『今夜も赤ちょうちん』に大幅に加筆し、再編集したものです。

はじめに

夕暮れ、路地裏に赤ちょうちんの灯を見つけると、たまらなくなる。わかってくれるのはおまえだけだなあ――、演歌みたいなセリフがつい口をつく。駆け出しのころ、あすこそは大スクープを、そう夢を見ながら飲んだうぶな酒もあるにはあった。だが、夢はアルコールとともに蒸発し、ただの呑んべえとあいなった。遺憾である。生来のひねくれもののせいか、友人がいない。あぶく銭が入って、ちょっとは後輩におごってやった記憶もあるが、たいていはひとりカウンターで顰蹙《ひんしゅく》を買いつつ、おだをあげてきた。山頭火《さんとうか》をもじれば、どうしようもない私が飲んでいる。

そんな中年おやじ記者がひょんなことから夕刊の片隅に週一回、コラムを書く仕儀となった。二〇〇六年から「今夜も赤ちょうちん」、続いて「酒に唄えば」のタイトルで、都合六年、夜な夜な飲んで、飲んで、紙面に二日酔いのアルコール臭をふりまいてきた。下戸の読者には申し訳ないことだった。箸袋にメモし、なんとかひねり出したコラムは幸い好評を得て、前半三年分は「今夜も赤ちょうちん」（青灯社、二〇〇九年）として単行本になった。本書は、その後三年分を含めて三〇〇ほどたまったコラムから一〇〇を厳選した。すでに灯を消した酒場コラムは泣く泣く割愛した。

どこがいいのかしらないが、東京スカイツリーブームにほいほい浮かれているうち、東京から味のある横丁、酒場がどんどんなくなった。そして愛すべき呑んべえもどんどんいなくなった。あれはスカイツリーが開業して一週間ほどしたころ。♪また逢う日まで……の尾崎紀世彦さんが他界した。知る人ぞ知る伝説の呑んべえ。なにせ大酒呑みだった祖父の膝に乗って酒を知ったのが四歳！　赤みそ仕立てのどて煮をつまみ、二人でとことん飲んだことがある。「あのさ、世の中の酒で一番うまいのは日本酒。でも最初のひと口、ふた口。あとは舌にオイルをさすために飲むんだよ」。はんてん姿のキーヨはのたまった。

先輩がよく言った。おまえなあ、人間として、記者としてはどうにもならんが、居酒屋のカウンターでのしゃべりだけは天下一品だよ。バカにされている気もしたが、まあ、いい。友人もいないくせに、酔いにまかせ、吉本芸人も真っ青の関西弁トークで、おかみやご主人、それに常連さんをつかまえては、それで、それで、もっと、もっと……。とっておきの話を教えてもらっては箸袋にちょこちょこっとメモして、せっせと書き続けた。それがこのコラムである。いいかげんに控えたら、とドクターに怒られながらも、たぶん今夜も赤ちょうちんで、たっぷり舌にオイルをさしているはずである。このコラムにもオイルがうまい具合にささっていたらうれしい。

いまゲラを読み直しながら、よくぞこんなけったいなコラムを許してもらったなあ、と毎日新聞のふところの深さに改めて驚き、感謝している。あとがきの代わりとして、ライバル紙ながら酒友である朝日新聞社会部記者（大衆文化担当）の小泉信一さんと一杯やりながら「酒と飲み屋と新聞記者」を語り合った。新聞連載時のデスクは平井桂月さん、太田阿利佐さんの手をわずらわせた。青灯社からの単行本出版では田中里枝さん、ちくま文庫の出版については、旧知の「ちくま」編集長の青木真次さんについでいただき、伊藤大五郎さんにお世話になった。お礼申し上げる。あこがれのちくま文庫の居酒屋シリーズに入ったことは呑んべえ記者にとってピューリッツァー賞ものである。すべてこれ酒の縁。バッカスよ、ありがとう！

二〇一二年九月　　　　鈴木琢磨

第1夜　より道【宮城・気仙沼】

めげない　にげない

（二〇一二年二月二〇日）

春は名のみ、再訪した宮城・気仙沼はまだまだ冷える。震災後、初めて来たのは初夏、一本釣りカツオ船の水揚げで港町に笑顔が戻ったころだった。あれから半年、縁もゆかりもなかった東北の地に呑んべえゆえの「酒縁」が生まれ、忘れがたき町になりつつある。

「より道」で飲んでいる。気仙沼は田谷通りに完成したばかりの仮設商店街「福幸《ふっこう》小町」に入る居酒屋。かれこれ三〇年、ＪＲ南気仙沼駅そばで漁師らの舌を喜ばせてきたが、あの大津波と火災ですべてを失った。ようやくプレハブ二階建ての施設ができ、年明けから再出発した。カウンターには祝いの花や商売繁盛の飾りが並び、ひっきりなしに電話がかかる。

「アハハ、みんなドンコが入ってるか聞くんです」。ひょんな酒縁で知った片山秀昭さんが隣で巨体をゆすっている。地元にある食品会社の社長さん。そのドンコ、タラの一種で、ぷりぷりの身にキモとみそを加えて、たたく。うまいのなんの。「新鮮でないとだめです」。合わせるのは地酒「男山」。瓶のラベルにダルマの墨絵。〈めげないにげないくじけない〉。字もいい。「それ、兄貴なんですよ」

なんでも気仙沼湾入り口にある地福寺の名物住職で、震災から一年を迎える前夜、本堂で追悼コンサートを開くらしい。チラシにジャズファンにはおなじみ、バイソン片山さんの名がある。「弟なんですよ」。へー、すごい兄弟だなあ。ほろ酔いでお寺に電話したら住職が出た。「お堂でざこ寝でよければ、どうぞ、おいでください」。♪めげないにげないくじけない……。バイソンバンドの演奏で、住職の詞が静かな湾に響きわたるはずである。

第2夜　ござい【銀座】

リトル気仙沼

（二〇一二年三月一二日）

　ずいぶん長く新聞記者をしながら、東北を知らなかった。つまりは日本を知らなかった。大震災から一年、被災地を歩いて、ほんのちょっとだけ東北を知った。いや、まだまだ知らないことだらけ。もう一歩、さらにもう一歩、みちのくの路地に分け入り、うまい酒をくみかわすしかない。

「ござい」で飲んでいる。銀座六丁目にあるおでんバー。ビル五階のドアを開けるや、そこはまるで赤ちょうちん。迎えてくれたママ、城倉智子さんは割烹着で、化粧っ気なし。ここが銀座？「アハハ。ごめんなさい。フツーのおばさんが家で食べるフツーのおでんを出してるの」。屋号の〈ござい〉は宮城県の方言で〈来て〉。「石巻で生まれて中学三年間は気仙沼にいました」

そのふるさとが津波にのみ込まれた。東松島にいた年老いた両親は無事だったが、家は水につかり、しばらく娘の元へ身を寄せた。「お客さまに河北新報東京支社の人がいて、新聞を持ってきてくれたの。父も母も喜んだなあ。三日遅れでも、一週間遅れでも」。芋焼酎「七々海」をロックでやりつつ、ダイコンをつまむ。「その焼酎どう? 中学時代の同級生がプロデュースしてるの」

人生いろいろあって五〇歳のとき、銀座のママになった。とはいえ、不況でネオン街は閑古鳥。そうこうするうち、股関節を痛め、立っていられなくなった。手術を口実にやめようと思った。「続けて!」。常連客が回復するまで交代でカウンターに立った。「みなさんのおかげでなんとか五周年、お祝いの会を帝国ホテルで開いてくれるんですよ」。ふるさとの復興を願い、今夜もリトル気仙沼におでんのゆげがゆらゆら。

第3夜　魚がし【代々木】

「一〇年後」へ上を向いて

（二〇一二年三月一九日）

恋人同士だろうか、宮城県は気仙沼港の岸壁にカップルがたたずんでいた。大震災からちょうど一年の三月一一日午後二時四六分、黙とうを終えると、男性は鍵盤ハーモニカを吹き、女性は口ずさみだした。♪上を向いて歩こう　涙がこぼれないように……。空にカモメが舞っていた。

「魚がし」で飲んでいる。JR代々木駅から五分の居酒屋。心にしみる歌にじんとした日、東京に帰ったらぜひ、と気仙沼の知人に教えてもらった。気仙沼生まれのご主人のほていさんみたいな笑顔を慕って、気仙沼出身者が集っているらしい。隣でほろ酔いのデザイン会社社長、武山健自さんもそんなひとり。三〇代。

「あがらいでバー！」と名付け、ここでたまに熱い夜を過ごしている。

「〈あがらいで〉は気仙沼弁で、ちょっと上がっていけよって感じ。まあ、わいわいがやがやです。先輩から教えられたり、仲間に勇気づけられたり」。大津波にのまれながらも実家の米屋はかろうじて残った。港のそばで見たあの風格ある建物？「ええ。国の有形文化財なんで、補修してそのまま保存するか移転するか検討中なんですよ」。震災復興市民委員会メンバーで、東京とふるさとを往復している。

三陸に春を呼ぶメカブをつまみながら、酔うほどに語るのは二〇二一年の気仙沼のこと。「震災から一〇年後のわが町が優しくて、かっこいい町であってほしい。夢はまだ早いって？　でも上を向いて歩かないと」。回を重ねるごとにバーは盛況になり、いつも立ち飲みとか。傷ついた故郷を思い、だれもがちょっと上がっていきたくなるのだろう。「もっと広いところでやったらって言うんだけどな」。ほていさんが笑った。

第4夜　大坂屋【門前仲町】

モツ煮込みの至福

（二〇〇六年四月四日）

おお、いい夕日だ。東京は皇居のお堀ばた、竹橋にある新聞社の編集局で、かすみがちな目をこすり、パソコンをたたいていると、空が真っ赤に染まっている。花の都も近ごろじゃ、勝ち組だの、負け組だのうるさくていけない。そこそこに生きていけたら、それでいいんだけどね。

夕焼けに誘われ、居酒屋バカは胸騒ぎ、ささっと原稿を仕上げ、地下鉄東西線で門前仲町へ。辰巳新道わきの「**大坂屋**」ののれんをくぐれば、白木のカウンターに組込まれた鉄鍋で、串に刺された牛モツが黒褐色のツユに踊っている。東京三大モツ煮込みとうわさに高い、まったり甘みそで煮込まれたモツ（シロ、フワ、ナンコツ）を肴《さかな》に焼酎の梅割りを飲めば、これ至福。

ひとりで切り盛りするおかみさんは万事、控えめ。俳句をたしなむらしいが、その腕前は知らない。創業は大正時代、東京大空襲のとき、先代は秘伝のたれを鍋ごと持って逃げたとか。だから、昨日今日の味じゃない。たっぷりと時間も煮込んであるのがうれしい。かみしめるたび、ぎゅっと時代まで染み出してくるから。

ほとんどが常連。居合わせた隣の中年二人連れの話を聞くでもなく聞いていると、どこぞの夕刊紙の編集幹部の様子である。お色気のほうが充実した紙面づくりと承知しているけれど、なかなか大変らしい。いずこも同じ、か。オニオンスライスを頼み、半熟卵をツユで割った絶品の玉子スープをいただきながら、しばらく下町の編集会議を楽しませてもらった。

で、ふと富士正晴の訳した陶淵明の詩「飲酒」の一節を思い出す。〈おさけにゃふかい　あじがある〉。その前段はこうだった。〈なにが　どうやら　わからんが〉

第5夜 斎藤酒場【十条】

ポテサラの山、崩しながら

（二〇〇六年四月一一日）

民主党ゴタゴタの最中、代表選に意欲満々の河村たかしさんに会ったら、ひとつよろしく頼むがやぁ、と例の名古屋弁まる出しで。ソコツものながら、憎めぬ男である。名刺に〈河村たかしと一杯飲む会〉と印刷してあって、庶民のツボを心得ている。かたや御殿で花見の御仁もおられて、ややこしい政党だけどね。

ざわつく夕暮れの編集局を抜け出し、今夜はJR埼京線十条駅北口からすぐの**「斎藤酒場」**へ。酒仙、中島らもさんに引っ越してきたいとまでいわしめたところ。〈大衆酒場〉と染め抜かれたのれんをくぐり、空いていた隅っこの席に。いささかかしげたテーブルは、創業昭和三（一九二八）年と聞けば、納得。壁に張られた古いビール会社のポスター美人が微笑み、テーブルの一輪挿しの小花もなごませる。

ここでは断然、ポテトサラダである。べちゃっとしていない。ジャガイモはほどよくボイルされ、キュウリとタマネギのしゃっきり感もちゃんとある。ニンジンの彩りも申し分なし。むろん、特製のカレーコロッケも串カツもお薦めだけれど、さっきから隣で黙々、飲んでいる自由人風のおじさんもポテサラの山をいとおしそうに崩している。

なんでも団塊の世代、広告代理店に勤めていて、定年を前に辞め、好きな絵筆を握っておられるとか。しばしの息抜きらしい。「おかみさんがいいんですよ」。ほんと、優しくて、働き者で。真っ白い割烹着を見たの久しぶりだなあ。たいていの男はマザコンでしょ、居酒屋でシブいメサバなんかのわきにポテサラを見つけたら、そう思う。

樽酒を飲みながら、やわらかな時間が過ぎていく。勘定をすませ、おかみさん、またどうぞ、まんまる笑顔で見送ってくれた。

❖河村たかしさんは現名古屋市長

第6夜　萬太郎【歌舞伎町】

ソクラテスの鳥皮

（二〇〇六年四月一八日）

思い出すなあ。新宿は歌舞伎町で飲んでいると、暉峻《てるおか》康隆さんとお酒をご一緒したひとときを。その昔、女子学生亡国論で物議をかもした西鶴研究の第一人者、ひいきの縄のれんがあって、男と女のエトセトラ、夜の講義が楽しかった。〈さようなら雪《ゆき》月花《つきはな》よ晩酌よ〉。そんな辞世の句を残し、念願だった「女護が島」へ旅立たれ、もう五年か。

で、今夜は西武新宿駅前の路地にある「萬太郎」へ。われらがサラリーマンの恋人、焼き鳥への愛を込め、ここを推す。こじゃれた焼き鳥屋なぞお呼びじゃない、お世辞にもきれいと言えぬからこそいいのだ。腕を知るには皮を塩でいただくに限る。炭火でじっくりじっくり脂を落とす。じれったいほど。その仕上がりまでトン足をほおばって。

さーて、カリカリになった絶妙の皮をひと串、ふた串、タイミングをずらして頼んでおいたシシトウもいい具合に焼きあがってくる。「ウーロン・イッチョウ！」アルバイトの韓国人留学生たちの声がはちきれる。勉強も頑張れよ、物価高の東京はさぞ住みにくかろうけどね。三本目の皮は串から外し、残ったトン足のたれ、ピリ辛の酢みそをちょいとまぶして口に放り込めば、うまいのなんの。

この不夜城の片隅で、主人は煙にいぶされながら、じっと人間を見つめてきた。たまに哲学者めいたことをぼそぼそ。壁に「言葉の真意」と題した文章が張ってあって、読ませる。その焼き鳥屋のソクラテスは一年ほど前に脳梗塞《こうそく》で倒れ、いまは息子が継ぐ。味は変わらぬ。厳しく仕込まれたからに違いない。

げに歌舞伎町は奥深いところよ。ほろ酔いになって、どぎついネオンの海をゆーらゆら、またまたはしご酒の予感である。いかん。

呑んべえ列伝① 暉峻康隆さん（国文学者）

「さようなら雪月花よ晩酌よ」——語り残した「自民党亡国論」

（二〇〇一年四月二五日）

江戸文学の大家、早稲田大名誉教授の暉峻《てるおか》康隆さんが二日（二〇〇一年四月）、亡くなった。九三歳だった。東京・新宿の酒場で、万巻の書あふれる自宅で、いつも照れを隠すかのように酔っ払って、日本の現状に悲憤慷慨《ひふんこうがい》していた。杯を片手に暉峻先生が語り残したこと——。それは「女子学生亡国論」ならぬ「自民党亡国論」であった。

「近ごろの俳句は…」

ある夜、新宿・歌舞伎町の居酒屋**「利佳」**で飲んでいると、暉峻先生、ふらり、縄のれんをくぐって現れた。五年ほど前のことである。そこは元文藝春秋社長の故池島信平さんが〈無産有知識階級〉と名付けたインテリ呑んべえのたまり場で、先生は一番の人気者であった。「剣菱」をグイッとやりつつ、きっぷのいいママや居合わせた酒徒と談論風発となる。

で、ほどよく酒も回って、その座は、なんの弾みか、俳句の話になった。先生は高名な国文学者である。西鶴だけでなく芭蕉をはじめ俳諧の専門家でもある。自らも「桐雨」と号し、連句、俳句を実作しておられる。「近ごろの俳句なんてダメだな」。先生、ちと機嫌が悪かった。猫もシャクシも俳句をやっておるようだが、現実社会と遊離して、どうでもいい遊びの句が多すぎる、としきりに嘆くのだった。そして先生、カウンターにあった紙切れに書いた。

〈梅雨寒や新宿地下のホームレス〉

庶民のパーティー

だが、先生の足は、新宿から遠のく。〈友らみな老いにけらしな新宿の夜をさそわずなりにけるかも〉。ママも店をたたんだ。

二〇世紀も暮れようとしていたころ、私は先生を思い出していた。明治生まれに聞く、この特集ワイドの企画「一〇〇年ひと昔」のトップバッターとして登場願った。

テーマは「男と女」。自宅にお邪魔すると、原稿用紙二枚に話の要点が書いてある。ありがたかったが、さっさと飲むべしとのコンタンでもあった。かくして、日も高いうちからとっておきの「越乃寒梅」をいただき、メモは、わが録音機に任せた。

よく飲み、よくしゃべった。そのテープがある。三時間に及んでいた。記事（二〇〇〇年一二月二五日付）にしたのは、その一部である。聞き返してみると、先生、居酒屋について力説している。「これは遺言だぞ」と言って——。

「くだらねえことを調べてるんだ。酒の記録はあるが、飲み屋はいつからはじまったかなんて誰も書いてない。万葉集の時代にはないし、光源氏が飲み屋に行ったこともない。やっぱり江戸だ。それも元禄以後。料理屋で飲む。一番、安いのは酒屋の店頭だな。いまもあるだろ。居酒屋の〈居〉の字に意味がある。見知らぬやつと一緒になる。居酒屋ってえのは都市の庶民のパーティーなんだ。大衆のぐちや憤りや喜びや悲しみを訴える場なんだ。心の憂さの捨て所でもある。だが、おれは年だ、お前、まとめてくれよ。全国の居酒屋にアンケートを出すんだな」

「自民党は高級料亭」

そんな先生のホコ先は、すぐさま自民党政治に向けられた。

「永田町のパーティーである自民党、これ、居酒屋じゃない。高級料亭だ。居酒屋にはおエラい政治家やヘンな連中など来ない。今日はこれだけで飲ましておくれ、それで飲めるのが居酒屋だ。長く生きてきたからわかるんだが、いつの世もデタラメだから、おもしれえ。何から何まで法律で国民が支配される、そんな時代はおもしろくねえ。いま、それを自民党がやろうとしてる。支配されるのはお前たちだってんだ。三党集まって、やっと成り立ってるくせに、国民を支配しようなんて、恐れ多い。居酒屋は江戸時代、庶民が政治を取り戻した象徴でもあるからな」

そして、先生、繰り返し口にした言葉が〈隠れ封建〉である。

「日本はまだ半封建が高齢化社会で生き残っている。だからうるさいんだ。みんな現代人だなんて思ってるけど、中身は半封建だからな。若い連中だって、その半封建ジイさんから小遣いをもらっている。これが〈隠れ封建〉だ。いいな、このキャッチフレーズ。いるんだ。だまされないよ。おれ知ってるから。〈隠れ封建〉が権力を握ってるからどうにもならんのだ。その代表が自民党なんだ」

むろん、公明正大な先生のことである。庶民の党を標榜する共産党についても容赦ない。「マルクス・レーニンは一九世紀だろ。いまなお党名も変えられないのは、どうしてだ？　ハハハ」。人間とはなかなか進歩できない存在だと達観しての、それは笑いと見た。

怪しげなアンチャン

ところで、先生はお色気の大家でもあった。かつて、成人雑誌『100万人のよる』（一九六一年一一月号）で、慶応大学の名物教授、池田弥三郎さんとの対談「夜の早慶戦」があり、怪しげなアンチャンが売るヒワイな写真について語っている。〈でも、絵と写真ではダンチです。絵は少なくとも芸術が感ぜられます。歌麿をはじめ浮世絵師はもちろんのこと北斎だって渡辺崋山だって春画をかいてます。が、ズバリ、セックスだけをあらわしていなかった。この点、写真はきたないですよ〉

四〇年たって、いまや週刊誌には〈アヌードがあふれ、女性雑誌の売れ筋特集は「セックスできれいになる」。日本中が怪しげなアンチャンになった。先生は、しばし絶句して、言った。「犬でも猫でもフィーリングがあわないと交尾しない。いまの女の子は愛はなくても恋はなくてもセックスできるなんて勇ましく言うけど、本当かな。そうはいかないぞ。そんなの快楽じゃない。ただの排泄だ」

「尊厳死を語る」

インタビューの途中、電話が鳴った。相手は若い女性。新しいCSテレビ放送の視聴の勧誘のようである。

「どなた？」

「どこへかけたの？」

「漢字が読めない？」

「テルオカだ、テルオカ」

「えっ、CS？　受信だ？」

「おれは間もなく死ぬんだ」

「見ているヒマねえんだよ」

漫才みたいで思わず噴き出したが、そのこっけいなやりとりに死と向き合っている先生の悲しみと決意がにじんでいた。

この三月、先生はライフワークである「季語の見直し」の仕上げに、静岡の定宿・畑毛温泉にこもっていた。だが、風邪で体調を崩し、自宅に戻ってからは、食事を遠ざけた。

先生は「日本尊厳死協会」の会員だった。会のパンフレットには〈健やかに生きる権利、安らかに死ぬ権利を自分自身で守るために〉とある。近くのお医者さんの往診に「君は治療するつもりじゃないだろうな」。死を覚悟していた。「男は仕事ができなくなったらおしまいだ」が口ぐせだった。「明日から尊厳死について何回かにわたって語るから」と家人にテープを用意させた翌日、先生は逝った。

カラス相手にぐち

近所の人が遺族に言った。「カラスも相手がいなくなって寂しいですね」。先生、毎朝、カラスにぐちをこぼしていたのだ。西鶴研究の偉業に隠れてはいるが、先生の名著に『日本人の笑い』（光文社カッパブックス、一九六一年）がある。江戸の川柳を〈いっさいの虚偽虚飾をひっぺがして、すっぱだかの人間や人生をお目にかける〉笑いに満ちていると書いた。いまの日本人に笑いがあるかどうか。笑いは批判である。間もなく新しい首相が誕生する。果たして自民党は庶民のパーティーになりうるのか。縄のれんを愛した先生の声が聞きたい。古い手帳に辞世の句が書きつけてあった。

〈さようなら雪月花よ晩酌よ〉

その句の通り、この春、東京は二五年ぶりに、サクラに雪だった。

◇暉峻康隆（てるおか・やすたか）
一九〇八年、鹿児島県の寺の長男に生まれる。早稲田大学文学部卒。『定本西鶴全集』（中央公論社）を完成させるなど西鶴研究の第一人者で、蕪村、芭蕉研究でも知られる。NHK「お達者くらぶ」も好評だった。その昔、婦人雑誌に「女子大生亡国論」を書いて話題になったほか、成人向けの雑誌『100万人のよる』で慶応大学の池田弥三郎氏と「夜の早慶戦」なる名対談がある。落語への造詣も深い。江戸の庶民の喜怒哀楽が語れる数少ない粋人だった。

第7夜　富士屋本店【渋谷駅南口】

「駄菓子屋」でハムカツ

（二〇〇六年四月二五日）

窓ぎわ族（古いね）でも新聞記者、たまにはオツムとココロに栄養補給せにゃ。夕刊のバタバタもひといきつき、いそいそと劇団民藝の「審判」を見に。東京裁判の本質をえぐる木下順二さんの名作、三六年ぶりの再演とあれば、見逃せない。主席弁護人演じるおん年八〇歳の大滝秀治さん、さすがいい味出してるなあ。

で、今夜はその名優がジャンパーによれよれ帽子でちょくちょく出没のうわさありのJR渋谷駅南口、陸橋を渡ってすぐの立ち飲み屋**「富士屋本店」**へ。ビルの細い階段をとんとん下りれば、そこは正真正銘のおやじ天国。調理場をぐるーっと囲んだカウンターに「っていうかさー」の渋谷名物コギャルなぞおらぬ。

壁いっぱいの品書きに目移りしつつ、とりあえずのビールでマグロの中落ちのとろけゆく脂を楽しみ、ゆず風味の白菜漬けでさっぱり。そしてまた脂。でも、外せないのがハムカツである。ひと口サイズが四切れ、キャベツを添えて。ちょっとテレ、隣の、そのまた隣のおやじも頼んでた。ここのお代は前払い制。

なんだろね、ハムカツをほおばったときのあの感じ。ああ堂々のトンカツなら、そんなことない。その安っぽさが、ローストハムなんてしゃれたものが食卓にのぼらなかった昭和三〇年代をじんわり胸に呼び起こさせ、それがやさしい味にふくらむんじゃないか。魚肉ソーセージと一緒で。

ほほう、品書きに交じって大滝さんのサインが。〈もう駄目だと思ったり　まだやれると思ったり〉。かわいい自筆の似顔絵もある。「立ち飲みは、大人の駄菓子屋だ」とおっしゃってたらしい。「その通り!」。隣のハムカツおやじが笑った。民藝に聞いたら、大滝さん、いまはもっぱら自宅で晩酌とか。

❖大滝秀治さんは二〇一二年に逝去された

第8夜　まるます家【赤羽】

荷風気取って、鯉に酔い

（二〇〇六年五月二日）

永井荷風が気になりだしたら、もはや不良中年ど真ん中らしい。命日（四月三〇日）を控え、JR埼京線赤羽駅東口からすぐの大衆キャバレー「赤羽ハリウッド」で、荷風を偲ぶ集いが。会長の福富太郎さんのお招きにあずかり、出かけた。鼻の下を伸ばして。

「つゆのあとさき忌」と銘打ったこのイベントも七年になるとか。カフェーの雰囲気に包まれ、荷風好みのビーフシチューに舌つづみ、ゆかりの方々のあれこれ思い出語りを楽しんで、むろんセクシーショーもしっかり拝ませてもらった。愛読している昭和を歩く雑誌『荷風！』の編集長もいて、話は弾むのだった。

よーし、飲むぞ。きれいどころに見送られ、荷風散人を気取って下町ネオンをふらふら、一番街を進めば、お目当て**「まるます家」**である。看板は「鯉《こい》とうなぎ」。朝っぱらからやってる居酒屋として地元ではつとに知られた存在。私小説的散歩漫画『孤独のグルメ』（久住昌之作、谷口ジロー画、扶桑社、一九九七年）にも登場する。

琵琶湖の淡水魚で育ったせいで鯉がうれしい。その鯉のあらいを酢みそで。ねちっとした歯応えに、しばしふるさとを思う。偶然とは恐ろしいもの、隣り合わせたサラリーマン氏は京の人、鯉のうま煮なんかも並ぶ錦市場あたりを思い出しておられるようで。

きっぷのいい美人おかみの頭上にこんな張り紙が。〈まるます家だけの約束、お酒一人、三本までとさせて頂きます〉。ちょうどお銚子も三本目だ、そろそろ、締めなきゃなあ。ここは、こってり濃厚な鯉こくにしくはない。東京でめったに口にできない鯉のみそ汁。じんわり疲れた体にしみわたり、京都弁の「ほっこり」って言葉が出てきた。

それにしても会いたいなあ、荷風に。

第9夜　権八【西武・中井駅】

ぷりぷりホヤ酢にシェー

（二〇〇六年六月一三日）

ふと思うね。天才バカボンのパパになりたいって。♪これで〜いいのだ〜。いつも笑顔のマイペース、そんなふうに生きられたら最高に幸せでしょ。でも、なかなかそうもいかなくて、われら居酒屋バカは今日も赤ちょうちん。

で、やってきたのは西武新宿線は中井駅そば、路地の突き当たりにある「権八」。仕事帰り、ぶらり途中下車して見つけた。ここ、バカボン生みの親、赤塚不二夫さんのご近所で、しかもごひいき酒場と知って、シェー。〈よい客がよい板前をつくる〉そんな赤塚さんの色紙の隣に井上ひさしさんの色紙が。〈よい読者がよい書物をつくる〉

さてガラスケースをのぞけば、魚が丸のまんま、ごろんごろん。流れるBGMは東北民謡。三陸海岸の潮風にさらされている気分になってくる。おやじさんも釣り師だから妥協知らず。お薦めはホヤ酢。東京でここまでぷりぷり肉厚、色つやいいのを出すところはざらにない。アジのなめろうもおつ。アジをたたいてみそで味付けしたものだが、おしまいに酢をたらしてもいけ、左党をうならせている。

そうそう、いつぞや東京で日米首脳会談があって、小泉純一郎さん、ブッシュさんを西麻布の高級居酒屋に誘った。そこと屋号が一緒。「いまも電話が鳴るんだよ。ええ、お越しになられましたって言ってやるの」。おやじさんの赤塚流ギャグに、両首脳が肩を並べた？　カウンターの客、そろいもそろってバカボンのパパみたいに顔を赤らめて大笑い。

見れば、赤塚さんの画業五〇周年を記念した愉快な日本酒がある。ラベルにケムンパスがいる。イヤミがいる。よーし、もう一杯もらおうか。♪これで〜いいのだ〜。リハビリ中の赤塚さんの回復を祈りつつ、痛飲した。

❖赤塚不二夫さんは二〇〇八年に逝去された

呑んべえ列伝② 都はるみさん（歌手）

私、一七歳から新宿二丁目、スリリングでした

（二〇〇六年四月七日）

東京は青山、国道246沿いといえば、いかにもいまどきのかいわい。そこからちょっと入った、いささか古びたマンションに都はるみさん（五八）の事務所はあった。インタビュー時間まで新曲を聴く。「花はあなたの肩に咲く」。♪雨が降ったら傘さしかけてぇぇ……。連れ添った夫婦のきずなをさりげなく歌いだし、久しぶりのはるみ節。♪人に知られず咲こうとも　色鮮やかにぃぃ……。いいなあ。

「われわれ世代への応援歌のつもりなんです。もうひと花もふた花も咲かせちゃいますかってね。やろうと思ったらできるんちゃいますか。六〇歳になったたって、昔とは違います。自分の肩、見てみたら、こんな花、あんな花、野の花かもしれんけど、咲いてるんですよ。だれにもきれいやなって言ってもらえなくてもいいじゃないの」

昭和元禄の真っただ中、あの七〇年安保闘争の主人公は団塊の世代だった。ゲバ棒持って、ワッショイ、ワッショイ。その彼らが歌ったのはフォークソング。髪の毛を肩まで伸ばして。「反体制」がかっこよかった。でも、ちまたのはやり歌は「好きになった人」。♪さよーならー。さよーならー。

「いくら洋楽っぽい音楽をやってても、幼いころから聞いていたのは歌謡曲でしょ。お富さんから始まってね。反戦・平和の歌のあと、♪すっきーになったひと……って歌ってたんやない。そんな彼らも、すっかりおじさんになって、またギターを引っ張り出し、フォーク歌ってるらしいわね。一生懸命、仕事して、稼いで、そのエネルギーはすごいよね。それ、どこへ持っていったらいいの？　おじさんたちは音楽にぶつけ、そばを打ち、料理教室も盛況らしいし」

まるで戦友のよう。そこには自身の世代へのいとおしさがあふれ、どこかしら自己否定のニュアンスも。本名・北村春美でなく、歌屋・都はるみにはステージがあり、ファンの掛け声があった。でも、レッテル世代の屈折した感情がちらちらのぞく。いつしか、同世代である二人の戦友について語るのだった。

まずは故・中上健次さん。彼女の歌にほれ込み、それを「天の歌」と呼んだ作家である。というよりも、新宿飲み仲間。

「ゴールデン街なんか飲みに行ったりしてました。難しいことばっかり話してる。そのうち、けんかになる。酒飲んでるだけやのにね。ふふふ。その新宿がすっかり変わった。私、一七歳から新宿二丁目に行ってて。あのころはスリリングでした。それがいまは、どこもかしこもおとなしくなって。道ばたで、わーってやってる人、いないですものね。おぼれないんよね」

もうひとりは道浦母都子さん。全共闘を代表する歌人である。こちらも飲み友達。〈四十代この先生きて何がある風に群れ咲くコスモスの花〉。そんな歌にぐっときたさまよえる世代も、はや五〇の坂を登りきった。はるみさんに詞も書いた。

「仕事があって、自分がある。そういう生き方が似てるんです。あんたは子供がいて、温かい家庭があって、そんなのは無理やって、どこかで言われていたような。二人で言うんです。女であること、忘れないでおこうって。男と女しかいないわけですから。歌ってるときは全身全霊、エネルギー費やすけど、ふと気がついたら、私は女なんやでって思えたらいいでしょ」

　やっぱり熱い。挫折、そして沈黙の世代と冷やかされたりもするけれど、言いたいことは山ほどある。はるみさん、この国の行く末が気になる。「女性とご飯を食べに行っても、近ごろの男性は言うらしいの。なんで僕が払わないかんのって。うちの甥《おい》っこもそう。あんた！　それはないやろって言うんですけど。あーあ、すっごい好きなひともできない時代なのかなあ」

　その時代が勝ち組だとか負け組だとか、そんな言葉でくくられようとしている。「嫌です、嫌です。私、セレブっていう言葉も大嫌い。はるみさんは富裕層ですしって言われたことあるんですけど、あー、気持ち悪ぅ。なんやのそれ。人間の価値はお金しかないんかいな。それやったら、いっそ貧乏人と金持ちのほうがええやん。わかりやすくて。だいたい人生の勝負なんて何回もあるんやから、負け続けもないでしょ。負けるが勝ちって言葉もあるんと違うの。古いかなあ、私。ハハハ」

　昭和歌謡ブームが続く。テレビは懐メロ特番だらけ。はるみさんも引っ張り出される。「この間もね、真ん中にいらっしゃる橋幸夫さんが六〇過ぎ、横にいる私が五八で、大月みやこさんが、えーっと……。頑張ってほしいなあ、三〇代、四〇代に。私らありました。前を走ってる人を抜かしたれって思い。それで、よっしゃ、抜かしたぞ、自分の天下やみたいな瞬間、あったんです」

アジアへの思いがある。井筒和幸監督の映画「パッチギ！」の舞台、京都生まれのはるみさん、父は韓国人。「私のことも在日っていうのかなあ」。映画で流れていた「イムジン河」をステージで歌ったことがある。朝鮮半島の南北分断の悲劇を描いた名曲。「昔、レコード買いに行きましたもん。戦後五〇年のとき、板門店でコンサートの企画があったんですが、日本語の歌がだめでしたから。でも、もっと前にやらなきゃいけなかったのかな。日本も謝るべきは謝って。中国とも韓国とも仲良くできないですかね。大きな大きな力になると思うんですけど。アメリカばっかりやなくてね」

なんだかゴールデン街で飲みながらしゃべっているみたいになってきた。すぐ隣に中上健次さんがいて。イラクの話になって、ブッシュ大統領も団塊の世代だという話になって、戦争はいかん、という話になって。

「このごろ、思うんです。日本、一回、どーんと、底の底まで行ってしもたらええのに、とね。中途半端ですよ、なんとなく。でも、戦争だけは、若い人に行かしたくないわ。いざとなったら、われわれが立ち上がらんと。それまでは生きてなあかんなあ。うちら集まったら多いから。弾よけくらいにはなるでしょ」

歌手を休んでいたとき、はるみさん、本屋になろうと、物件まで探した。「青山かなあ、神田かなあって。いろんな本読めるでしょ。現金商売やし」。でも、歌屋に戻った。そして、振り袖から二の腕突き出し、ステージを駆け、うなる。「はしたないって怒られますけど、気持ちいいですよ。やってみやはったら」。夜、どうしようもなくてゴールデン街に足を運んだ。はるみさんの声がたっぷり耳に残っているうちに、と。

◇都はるみ（みやこ・はるみ）
一九四八年、京都市生まれ、一九六三年、第14回コロムビア全国歌謡コンクールで優勝。翌一九六四年、一六歳でデビュー。「アンコ椿は恋の花」「涙の連絡船」がミリオンセラーとなる。レコード大賞三冠王。一九八四年に引退、一九九〇年に復帰。

第10夜　金田【自由が丘】

酒学校で赤心のおから

（二〇〇六年六月二〇日）

どきどきするなあ。名門校に入学するもんでね。麻布でも開成でもない。自由が丘の居酒屋「金田」である。酒徒呼んで「金田酒学校」。外国航路のコックだった頑固な先代主人が、乱れる酒、やかましい酒をご法度にした、つまりはこびない飲み屋。それも勝手知らずの山の手だから。

で、校門ならぬのれんをくぐったのは創立七〇周年記念日と耳にした六月一二日夜。サッカー・ワールドカップの日豪戦が始まろうとしていた。緊張と興奮の編集局をそっと抜けようとすると、いずこへ？　けげんな顔に見送られ、東急東横線は自由が丘駅へ急げや急げ。学校はすぐだった。

カウンター席に座れば、祝いの樽酒が振る舞われ、さっと突き出しの豆腐。大声は飛び交っていない。紳士、淑女がしっとり酒をたしなんでいる。もしやここは英国のイートン校か？　怖い先生だったら嫌だなと思っていたら、二代目主人が白い歯を見せ、ほんわかおかみが注文を聞いてくれる。品書きに一〇〇品近くも並ぶ。コチの薄づくりを奮発し、あとは、おから。

このおからがすばらしくうまい。つい安っぽい総菜に見なされがちだけれど、どうして、どうして、たっぷりだしを含み、上品な薄味に仕上げている。ニンジンの赤が彩りである。板場を仕切る三代目が京都で修業を積んだ、その腕に違いない。品書きに目移りしながら、熱燗《あつかん》のお銚子は空っぽになっていく。

かつて山口瞳さんや伊丹十三さんも通った。七〇周年記念誌に伊丹さんの文章があった。〈われわれは風格ある飲み手の中に、人間関係の奥義に熟達したもののもつ、自在さや、やさしさ、あるいは赤心の強さなどを見て圧倒され……〉。そんな気がする。ずっと留年するか。

第11夜　兵六【神保町】

うちわパタパタ、炒豆腐

（二〇〇六年六月二七日）

いくらパソコンをパチパチしたって記事のヒントは得られやしない。だいいち気がめいる。でも、わが新聞社、すぐそばに世界一の古書街、神田神保町が控えている。ここ、かのビル・ゲイツさんもびっくりの情報の宝庫、デジタル落ちこぼれ世代はくんくん鼻をきかせて歩けばいい。

で、いつものコースをリュック背にぶらぶら。懐かしの「昭和」本が並ぶ「キント文庫」で、昭和四一（一九六六）年に出版された毎日の先輩記者、佐々木芳人さんの『酒と肴《さかな》のうまい店』（実業之日本社）を見つけた。〈酒徒の肌にだけ感ずる、一種の店格をもった店を選んだつもりである〉。この赤ちょうちんコラムと路線は同じ。いいぞ。

さて、古本散歩の締めくくり、今夜はすずらん通り裏路地の**「兵六」**へ。焼酎「さつま無双」を飲ませる渋い居酒屋である。創業は昭和二五（一九五〇）年。戦前の上海にあった東亜同文書院出のおやじさんが開いた。縄のれんをくぐって、コの字カウンターに座る。電話もなけりゃ、クーラーもない。うちわパタパタ、これが粋でね。その焼酎はお猪口《ちょこ》でちびちびお湯割りにしながら。白湯をそそぐたび、ぷーんと芋が香り立つ。つまみは鹿児島から取り寄せるつけあげ（薩摩あげ）三点盛り、ゴボウやニンジンの歯応えも楽しい。でも、ここでは中国仕込みの炒豆腐。「チャードーフ、一丁！」。三代目の甲高い声が響けば、厨房《ちゅうぼう》から熱々の豆腐と野菜の炒めものが現れる。

淡泊なのにコクがある。どこか大陸の味だなあ。風が吹き抜ける。ほろ酔いの常連が思い出したように言う。「スプートニク、知ってるか。ソ連の人工衛星だよ。あんたとこの新聞記者、この兵六で街の声を拾ってたんだぜ」。パタパタやりながら、神田の夜は更けていく。

第12夜　江戸一【大塚】

さっとあぶって粋にクサヤ

（二〇〇六年七月一一日）

酒仙でもあった詩人、田村隆一さんの『自伝からはじまる70章』（思潮社、詩の森文庫、二〇〇五年）を味読した。なにせ副題が「大切なことはすべて酒場から学んだ」。居酒屋バカとしては読まずに飲めるか！　でしょ。

で、今夜はその酒をめぐる珠玉のエッセーの舞台、JR山手線は大塚駅そばにある老舗「江戸一」へ。大塚は田村さんのふるさと、そこで半世紀、ひたすら通い詰めたのがここ。〈東京広しと云《い》えども「居酒屋」としてはベスト・ワン〉と太鼓判を押した理由は引き戸をあけ、一歩、足を踏み入れたとたんわかる。

凛《りん》としたたたずまい。どこかしら能舞台を思わせるのはコの字カウンターの内側が板張りになっているせいか。さて、席につくや、お猪口《ちょこ》、割りばしがお盆にのせられて運ばれてくる。名物の樽酒「白鷹」を燗《かん》でお願いし、まずは小鉢に入ったお通し、葉唐辛子のつくだ煮なぞをなめながら、ちびりちびり。

空気とは恐ろしいもの、東京暮らし一〇年そこそこ、いまだに関西弁が抜けないくせして、東京風に飲むか、なんて思わせてしまうんだから。つらつら品書きをながめ、一番の粋で、と選んだのがクサヤ。塩水につけ、天日干ししたムロアジ、こいつをさっとあぶれば、芳醇《ほうじゅん》な香りが立ちのぼる。八丈島産の逸品だから、硬くもなく、軟らかくもなく、しっとり感がたまらない。

「もう、およしよ」。空のお銚子《ちょうし》が並んでいけば、しゃきしゃきおかみがやんわりたしなめる。甘えん坊の呑んべえは、それがうれしくてね。晩年、鎌倉におられた田村さんを訪ね、エロスについてご高説（猥談だったか）をたまわったことを思い出した。無精ひげ面で、ソファに寝そべったまま。酒仙もしかられたんだろうなあ。

呑んべえ列伝③　田村隆一さん（詩人）

生とエロスと老いと――酒仙詩人の「遺言」

（一九九八年九月一六日）

詩人の田村隆一さんが亡くなったが、改めて思うに女性の深奥を知り尽くしたエロスの神さまであった。酒仙であり、ダンディーでもあった。七五歳で逝った老詩人はその最晩年、いかなる境地に到達し得たのか。

病に倒れる前、鎌倉のお宅で、エロスを肴に存分に語ってもらったことがある。いま、その語り遺したテープを聞き返すと、味のある大人の猥談のなかに、薄っぺらな日本のエロスの現状への憂いが満ちていた。田村さんをしのび、再生ボタンを押すことにしよう。

エロスの衰退について

エロスが意味を失ったのは、エロスが商品になったことからでしょうな。エロスなんて、なにも人類に限ったことではないし、鳥にも魚にもある。彼らにとっては自然な行動、行為なわけだ。人間だけがどうして、エロスに違ったアクセントをもたなくてはいけないのかね、ちょっと不思議だよな。

そもそも、エロスを商品化すれば売れるっていうんで、エロスを特別な場所、隠し場所に置いたんだ。隠せば、見たくなるのは当然であって、たとえば明治二年の東京府令によると、銭湯で男女混浴を禁ず、というのが出るんだ。それまでは、男も女もいっしょに入ってた。女が女のかたちをし、男が男のかたちをしているということは、なんでもないことだ。それを出歯亀がのぞいたんだ。立派だと思うんだよ。わざわざのぞくっていうのはね。それで後世に名が残っちゃった。ハハハ。

エロスのない文明は殺風景ですよ。生きるっていうことはエロスなんですよ。生命あるものには必ずエロスが原動力になってるんです。僕は日本のエロスが衰退したのは、あのバブルがあったからだと思う。カネがあればなんとでもなるということを知ってしまったからね。バブルがあってますます性の商品の値段は下がった。バブルがなかったら、簡単に手が届かなかったわけだから、ある意味ではエロスにあこがれをもてた。

「女性は水でできている」——ヘア・ヌードについて

ヌード？　そりゃ、僕だって興味あるよ。でも、某週刊誌の編集者に、君、安いモデルばかりつかってどうしようもない。これじゃ女ぎらいになる、ま、そういう意味じゃ、これ有効だけどなって言ったことがある。すると、そいつ、実は僕、一回も家に持って帰ったことはありませんとぬかしたね。

女性というのは、水でできてるんだ。水がなくなりゃ、ババアになる。水だけだった人はラードになっちゃう。いくらエアロビクスやったってダメ。もう写真だけ見て興奮するような年じゃないけれど、水の抜ける前と後のヌードの対比なんていいな。やってごらんよ。品のあるページにしなかったらモデルに失礼だぞ。よくここまで水が抜けました。精神だけが光ってる。精神のヌード、だ。

なんで、ヘア、ヘアなんて騒いでるのかさっぱりわからない。ヘアがあってあたりまえ。僕はなんにも感じない。明治維新前後の遊女の写真とかは面白いんだ。風俗的に面白いんだ。日本的で面白いんだ。胴長で足が短い。いまは八頭身か知らないけれど、頭の意識構造なんて明治の女のほうが開明されてる。それに悪びれてないんだ。堂々としてるんだ。

「廓が市民社会を守った」——性の乱れについて

持論なんだが、人間社会にはどこかに空気穴がないと、爆発してしまう。江戸時代、廓は悪場所といわれた。でも、廓のなかだけは平等だった。サムライは刀を預ける。一歩廓を出ると、市民社会での不倫は重罪に処せられた。悪場所で人間の自由、本能を吐き出させて市民社会を守った。昭和三一年に売春防止法ができて廓を取っ払うと、日本中が廓になった。小学校の隣にラブホテルができ、女の教師だって性を売ってるかもしれない。

学生のころ、『十九の春』っていう流行歌があった。たしか西条八十の作詞だった。かつて日本の女性の一生にとって、嫁に行くかどうかは劇的だった。その「十九の春」がなくなった。いまや「二十九の春」だろ、もうすぐ「三十九の春」になるよ。自分の赤ちゃんがほしくなかったら、こんなラクな時代はない。女子大の国文を出た女の子が「赤裸々」を「あからら」と読む。アートも知らなければ、エロスも知らない。みんな電気のおもちゃだ。おしりにヒューズみたいなのくっつけて歩いてる。携帯電話みたいのね。自分がここに存在してますよという証拠なんだろうな。

本物のエロスについて

「我が秘密の生涯」という有名なイギリスの古典作品がある。作者不明なんだ。フィクションじゃない、自分で経験した性的経験を忠実に書いてあるんだ。巨額な遺産をおやじからひきついで全部セックスにつかった話だ。全一一巻ある。とても興味あって翻訳しようと思って、あるジイさんに下訳やってもらったんだけれど、これがすごかった。性的クライマックスを「羽化登仙の境地なり」なんて訳してある。開高健なんてよろこんじゃってね。そのジイさん、八〇近かったけれど、田村君、コーフンするよって、ささやいた。あの言葉、いまでも覚えているよ。

子供のころ、おふくろと、よく銭湯に行くと、花柳病とか書いてあってね。なんだろうって思っていたら、そのうちヘンなものが浮いてくるんだ。黒いものが。陰毛のない女のひとがつけるカツラだった。いまみたいに接着剤が発達してないから、おふろにはいると離れて浮いてくるんだね。「夜の花」っていうんだ。ハハハ。これからは、いろんな花が浮いてくるんじゃないか、金色とか銀色とかさ。そこまでデザイナーは考えなきゃ。森英恵さんにでも考えてもらいましょうかね。ハハハ。

「このごろ木がいやに魅力的なんだ」──老いとエロスについて

人生も長くなったんで逆につらいね。六〇がちょうどいい。戦前は人生五〇年。まあ、六〇で孫が生まれて、おあとがよろしいようでっていうんでひっこんでいけば、いちばんスマートなんだ。長生きするから、がんになったりなんかしちゃうんだ。病院の外来のところなんて、ひとグループができて、嫁の悪口いったり、近所のジジイの悪口いったり、たまたま常連がこないと、あの人どうしちゃったんだろう、病気かしら。病気かしらっていうのはいいな、ハハハ。

エロスというのはパワーだからね。その魅力は年齢によって変わってくるわけだ。このごろヤバイのは木がいやに魅力的なんだ。植物が。ハハハ。これから芽吹いてくるだろ、雑木林の芽吹きはすごいよ。ナラとかクヌギとか。カラマツの芽吹きなんて、標高一〇〇〇メートルくらいのところにいかないとみられないけど、ちょうどモネの絵を見てるようでね。でも、まだエロスを感じるのは僕が木だからだな。これが進化すると、石になる。石になったら、インタビューには応じないよ。石っていうのはいい。ああ、石になりたい。

記者の一言

「タムラ・リュウイチのエロスが聞きたいなら五万円だ！」

田村さんに電話でインタビューの依頼をしたら、大きな声でこう返ってきたのを覚えている。冗談とも本気ともつかない。

で、鎌倉のお宅にお邪魔したわけだが、無精ひげをはやし、ソファに寝そべったまま、おう、おう、突貫小僧が来たかね、と豪快な笑顔に迎えられ、ホッとした。昨年の早春のことだった。

言うまでもないことだが、詩人であった。なにげない言葉に詩人の含蓄と感性がにじんでいた。笑ってばかりだったが、話は時空を飛び超え、不思議な時間を過ごした。

詩人は言った。

「会社はいいね。責任が有限だもんな。有限会社・田村隆一にするか。つぶれたら新田村隆一だ」

死の予感もあったと思う。耳に残っている一言がある。

「本当の性の喜びを味わえる社会をつくってほしいんだよ」

それが亡くなった田村さんのこの国への「遺言」だった気が、いま、する。

◇田村隆一（たむら・りゅういち）
一九二三年、東京生まれ。明治大文芸科卒。復員後、鮎川信夫らと詩誌『荒地』を創刊し、戦後詩をリードした。詩集に『四千の日と夜』（東京創元社、一九五六年）、『奴隷の歓び』（河出書房新社、一九八四年）、『詩集1999』（集英社、一九九八年）などがある。早川書房で探偵小説の編集にも携わり、自らもエラリー・クイーンの「Yの悲劇」などを翻訳。一九九八年八月二六日、食道がんのため死去。宝島社が同年一月三日付の新聞に出した全面広告のコピー「おじいちゃんにも、セックスを。」が話題になり、没後の九月九日付の新聞に追悼の意味を込めて再掲載された。

第13夜　三日月【歌舞伎町】

そびえる「オールグリーン」

（二〇〇六年七月二五日）

ぶらぶらでも、ぷらぷらでもない。ふらふら。かつて新宿ゴールデン街でお見かけした田中小実昌さんの足取りはまさにそれ。こちらはまだまだ新宿呑んだくれ族の駆け出し、その天使のごとき飲みっぷりがうらやましかった。いつかほろ酔いインタビューを、と願っていたのに、さっさと天国に召されちゃって。

例のテポドン発射以来、かの国の深層をつかむため、歌舞伎町通いが続く。不夜城にたむろする闇の紳士はあなどれぬ情報を持っていたりするのでね。コミさん流ふらふら酒とはいかぬけれど、たまには天使をしのんで飲みたいやなあ。

で、今夜は魔都・上海を思わせる区役所通り裏の怪しげな一角、コミさんごひいきの居酒屋「三日月」へ。うまいものを、たらふく食わせてくれる。先代のおやじさんが早大相撲部出身ゆえである。ここでの断然、お薦めは「オールグリーン」。文字通り、大皿に緑の山がそびえたっている。アスパラ、シシトウ、ピーマン、サヤインゲン、ニラを炒めて、オリジナルブレンドのスパイスで味付ける。仕上げはニンニクじょうゆで。ウーロンハイを頼んだら、ペットボトルがデーンと出てきた。豪快である。オープンして半世紀を超える。繁盛しますように、と願をかけた近くの太宗寺・三日月不動尊から屋号を取ったとか。そのせいか、客はひきもきらぬ。はしご酒に繰り出す腹ごしらえスポットとしても重宝されている。〈ま、世界でもいちばんおいしいほうだろう〉。エッセーでコミさんがそう書いていたオムレツも格別。「ハーフにしておきます?」。二代目の、これまた恰幅のいいおやじさんが心配してくれる。だって、卵を八つもつかうんだから。さすがに驚くよね。

第14夜【銀座】 モテモテはトマビだった

（二〇〇六年八月一日）

「あっ、あなた！　裏口から入ってきた人ね」。吉行淳之介さんを偲ぶ会の案内状をいただいて、銀座に近い帝国ホテルへ駆けつけるや、宮城まり子さんにそう言われちゃって。もう十三回忌か、振り返れば、汗顔のきわみだけれど、ご自宅まで押しかけ、インタビューをねだった日のことを懐かしく思い出した。

そう、イチかバチか裏口から叫んだのだった。「よしゆきさーん」。突貫小僧の来襲に驚きながらも、そこは吉行さん、応接間に招き入れてくれ、女性の官能にまつわる宿題を授けられた。締め切りは一週間後、回答をひねりだして提出すると、まあ、なんとか合格だな、と。『サンデー毎日』（一九九四年一月二日・九日合併号）に掲載されたそのときのインタビューが最後になった。タイトルは「ヘアヌードというより毛・

毛・毛の話」。

で、今夜は銀座の赤ちょうちん……、とはさすがにいかなかった。読者よ、浮気を許されたい。せっかくの機会だもの、はにかんだ吉行さんの遺影をながめながら、ここを八丁目あたりのクラブと思ってたまにはウイスキーの水割りを。吉行さんはビールをトマトジュースで割った「トマビ」だった。すしも、天ぷらもうまい。でも、スピーチ。記憶がおぼろだけれど、丸谷才一さんが山口瞳さんのエッセーのタイトル「吉行のいない銀座」をほめたりしてね。

「もも膝《ひざ》三年尻八年」。そんな伝説的名言を残している吉行さん、ホステスさんに触るにしても年季が違った。会場にもきれいどころがぽつぽつ。ああ、死んでもモテるんだなあってちょっと複雑な気もした。お元気ならぜひ下町酒場をご案内したかった。モテたかなあ。モテただろうなあ。遺影の前にワインが。〈安岡章太郎〉。紙切れにそう書かれていた。

呑んべえ列伝④　吉行淳之介さん（作家）

死してなお、このモテモテ――夜の銀座に生きる伝説

（二〇〇四年八月九日）

なぜか気になる人がいる。思いこがれる人がいる。でも、その人はもういない。猛暑続きのこの年夏、夢で会えたら――。

ちょっと銀座に寄ってみたくなった。吉行淳之介さんに会えるんじゃないかと思って。没後一〇年（一九九四年七月二六日死去・享年七〇）、まさか飲んでいるわけないのだが、たしか八丁目のビルの地下にひいきの酒場があった。「まり花」という名の、一〇人も座ればいっぱいのちっちゃなバーである。

その銀座、ネオンの輝きはそのままだが、そんなに景気がいいはずもない。辻に客引きの女の子が立っていたりする。で、バーの扉を開けてみた。あのころと変わらな

い。でも、ママの西本衣公子さん（六二）はいない。数年前に体調を壊して、ふるさと宮崎に帰り、療養しておられるらしい。手紙を差し上げた。その返事。〈はや十年と驚いています。吉行さんの思い出は一生、忘れられません〉。短い文言に万感がこもっていた。

いつだったか、その思い出をママが話してくれたことがある。五〇〇円札が硬貨になったとき、さも困ったふうな顔をしたというのである。「だって、五〇〇円玉ではタクシーのチップにならないでしょ。よく帝国ホテルからお店まできてくださるのね。距離がそうないので、チップを渡すの。それも、どのタイミングで渡すかにまで気を使っていらした。『運転手さん』と呼んでいらしたしね」

もも膝三年尻八年

同じ銀座のクラブ「**姫**」のママだった作家の山口洋子さん（六七）も吉行さんを懐かしむひとり。「チャーミングな人でしたよ。女泣かせの（笑）。会話を楽しむすべを知っておられた。ホステスに触るにしても、もも膝三年尻八年。桃栗三年柿八年をもじった名言が残っているくらいで。そろそろ引き連れて飲むんじゃない、ひっそり飲む。男の余裕っていうか、たたずまいが優雅で、実に景色のいい人でしたね。惜しいお客をなくした、といまだに思っております」

没後、彼女だったという女性が現れ、その手記が続けざまに出たかと思えば、人生のパートナーとなる女優、宮城まり子さんがラブレターを公開したり。最近は沈黙してきた妻の回想記まで出版された。そこには、それぞれの「私の吉行淳之介」がいる。が、作家にしてみれば、死してなおこのモテモテ、いささか面はゆいんじゃないか。男女の奥の奥を探究した結果にすぎないんだがね、なんて。

そんな吉行さんが遊びの師と仰いだのが風俗ライター、吉村平吉さん（八四）。取材をサポートし、小説のモデルにもなった。浅草のはずれの飲み屋でご一緒した。

「初めて吉行さんに会ったのは私が現役のポン引きだったころです。年下なんだけど老成してて。遊び人ってむちゃくちゃなのがいるが、吉行さんは優しかった。私もいろいろ女がいたけれど、みんなあきれて逃げていく（笑）。女性、それも水商売の女性にモテるにはまめでないと。あんまりまめでもダメで。吉行さんは、ほどがよかった。ほどがね。男は威張るか、まめすぎるやつばっかりだから」

ヘアヌード

しからば、あれも、ほどかもしれない。亡くなる前年の暮れ、吉行さんにインタビューする機会があった。ヘアヌード花盛り、エロスの大御所の見解やいかに、と。「ヘア論争なんかには参加したくないな」。そう言いつつ、夏木マリのヘアはどうかね、なんて想像を膨らませておかしかった。「ヘアもOKなんていったって一年たちゃ飽きる。いかに人間が飽きっぽい動物か」。結論は秘すれば花だった。『週刊ポスト』がついにヘアヌードやめます宣言をしたが、ふふふと笑っておられるか。

さて、くだんの「まり花」である。ママの西本さんは店に飾っていた一枚の写真を大切に持ち帰っていた。篠山紀信さん撮影の、ある夜のスナップ。L字形したソファの一番奥、壁のくぼみにひじをつき、たばこをくゆらせる吉行さんがいる。その隣にママ、そしてイラストレーターの山藤章二さんら常連の顔がある。なにやら愉快な談笑のひととき。二〇年も昔、銀座が銀座らしかった最後のころだろうか。

「そう、ここは特別な席でしたね」。『吉行淳之介全集』（新潮社）にも収録されている、その写真を歌手の井上陽水さん（五五）はサングラスを外し、食い入るように見つめた。ご本人もちゃんと写っている。「ホテルで対談したとき、僕、スープと思って飲んだのが肉のタレでね。あがってたんです、敷居高くて（笑）。すると吉行さん、編集者と話してる。相手が失態を演じてるとき、目線がいかないように。僕にはそう見えました。人間の機微を熟知している人でした。女性にモテたのは、そうですね、少年的な、うぶなところと、人生の機微をわきまえた達人との両面に魅力を感じたんでしょうか」

　僕なんかが語るのはおこがましくて、としきりに恐縮するが、吉行さんは陽水さんが大のお気に入りだった。麻雀の卓も囲んだ。「可愛かったのかなあ。僕は芸能で、神経質にならずにすんだからでしょうね。吉行さんって、どう言えばいいのかなあ、ともかく歯が立たないっていうか、そんな存在でした。とりとめもないんだけど、吉行さん、こまどり姉妹がお好きでね、それが妙に僕にとって生々しく、印象に残ってるんですよ」

　少し飲んで、銀座をぶらぶらした。吉行さんに会えたのか、会えなかったのか、ほろ酔いの頭じゃおぼろげ、はっきりしない。が、夜の街に「吉行伝説」は生きていた。

不思議な余韻を引きずって。「お兄さん、どう?」。おっと、客引きにつかまりそうになった。

◇吉行淳之介（よしゆき・じゅんのすけ）

一九二四年、岡山市生まれ。父エイスケは新興芸術派の作家として知られる。東京大学英文科中退後、在学中よりアルバイトをしていた新太陽社に入社。編集者として働きながら、『世代』『葦』『新思潮』などの同人誌に小説を書きはじめる。何度か候補に上がった後、一九五四年「驟雨」で芥川賞受賞。安岡章太郎、遠藤周作らとともに「第三の新人」と呼ばれる。「原色の街」「娼婦の部屋」では娼婦の世界を描き、「砂の上の植物群」「夕暮まで」「暗室」などの作品で、倒錯した性を追求した。一方で「軽薄のすすめ」など軽妙なエッセイも人気が高く、対談の名手と言われた。

第15夜　蛇の新【新橋】

たぬき豆腐、バッチグー

（二〇〇六年八月八日）

芸術は爆発だ！　の岡本太郎さん、没後一〇年っていうのもあって、その人気に拍車がかかる。メキシコで発見された幻の壁画「明日の神話」が修復を終え、汐留の日本テレビで公開されているので、ちょっくらミーハー気分で出かけたら、気迫に圧倒されて。この人、すごいわ、やっぱり。

で、今夜は汐留から近いサラリーマンのオアシス、新橋は烏森神社そばの**「蛇の新」**へ。のれんをくぐれば、太郎さんの絵に出合えるって聞いてもいたのでね。戦後、わずか一坪半でカストリを売っていたころ、坂口安吾も太宰治も通った。飾りっけのない新橋きっての文人酒場は二度ばかり場所を変えながらも、大衆に愛され続けている。

なんでも、飲みながら描いたという太郎さんの絵、わら半紙に緑色のクレヨンで樹木と人物らしきものが。エネルギーはあれど、ほろ酔い爆発かしら。国文学者、池田弥三郎さんの『東京横浜安心して飲める酒の店』（有紀書房、一九六五年）によれば、以前は、天井といわず、壁といわず、飴《あめ》色にくすぶっていたそうな。

さて、うまいものはめじろ押し。まずはウズラ卵をしのばせたシューマイとさつま揚げセットで梅酒ソーダ割りをぐいっ。こりゃなんだ？　たぬき豆腐を所望する。河内生まれのおかみさん、うふふ、と笑って出してくれたのは、小さな鍋で豆腐とゴボウを煮て、たっぷり揚げ玉をのっけた柳川もどきの逸品だった。七味をふりかけ、はふはふ、バッチグー（もはや死語か）。

仕上げは梅しそ蒸し。茶わん蒸しのタネが梅肉とシソだけ、さっぱりしていい。太郎さん、父の岡本一平さんに言われていたらしい。カネなんか惜しむな。一流のものを食え、と。なるほどここは一流の味がする。

第16夜　婆娑羅【三鷹駅北口】

とろっと、健さんのモツ焼き

（二〇〇六年九月一二日）

山口瞳さんの小説「居酒屋兆治」のモデルになった「文蔵《ぶんぞう》」がこの夏、のれんを下ろした。東京・国立のJR南武線谷保駅前で、モツ焼きひと筋三〇年、行きたかったなあ。〈一日に、二万円の売りあげがあればいいと思っていた。それ以上、欲をだすと、ロクなことはない。赤提灯《ちょうちん》で終りたいと思っていた〉。描かれた通りの居酒屋人生だった。

夫婦二人三脚、毎日、丁寧にモツの下ごしらえをし、静かに客を待った。映画にもなり、主演の高倉健さんがお忍びで飲みに来た。「文蔵」さんは脱サラ組、会社の異動で総務部に配属され、同僚の首切りに手は貸せない、と辞めた。意地の人だった。一月から妻が病床に伏し、休んでいた。ぜひ再開したかったけれど、自身も具合を悪くし、串打ちができなくなった。

で、今夜はJR中央線三鷹駅北口の「婆娑羅《ばさら》」へ。ここのご主人も脱サラ組、文蔵でモツの仕込みを修業した。「文蔵の灯を消したくない、と奥さんから頼まれて」。思案したあげく、秋から婆娑羅の支店として引き継ぐ。「文蔵の名は若輩ものには大きすぎるのでね」。シロをたれでいただく。とろっとした口あたり。いい焼き加減、甘すぎず、辛すぎず。ウーロンハイでさっぱりすりゃ、もう一本！

つまみに特製のネギそばも薦められた。いける。ご主人がぼそっと。「場末でひとり、男が飲んでいる。健さんが似合うような居酒屋が理想だよね」。それだけ言って、またモツを焼く。ここにもいるじゃない、居酒屋兆治が。「文蔵」さんに電話してみた。山口瞳さん自筆ののれん、どうしました？「洗濯屋さんで洗ってもらっていますよ。宝物ですから」。健さんからもねぎらいの手紙が届いた。「温かい文面でした」

第17夜　いせや総本店【吉祥寺】

別れの焼き鳥

（二〇〇六年九月二六日）

ひげのフォーク歌手、高田渡さんといえば、東京・吉祥寺の焼き鳥屋「いせや」の顔だった。いつも飲んだくれていて、それが絵になった。その総本店が老朽化のため、一四階建てビルに生まれ変わる、と毎日の夕刊で読んで、ふと永沢光雄さんのことを思った。

泣かせるルポを書くこのすてきな男、下咽頭《いんとう》がんで声を失った。居酒屋バカと同じ一九五九年生まれ。新宿二丁目のマンションで、よせばいいのに明るいうちから焼酎をなめなめ、筆談していたとき、大学ノートにこう書いた。〈戦争、死、急に、いきなりきますぜ〉。そして部屋の大型テレビで流してくれたのがＤＶＤ「タカダワタル的」。

ライブあり、ほろ酔いインタビューあり、二人してたっぷりワタルワールドを味わいながら、いまはなき歌手を悼んだ。

で、今夜はその面影探して**「いせや総本店」**へ。JR中央線吉祥寺駅公園口から歩いてすぐ、二階の座敷は窓が開け放たれ、風が吹き抜けていた。創業八〇年、この風格ある木造の建物は昭和二九（一九五四）年の築。壁には実篤の書。〈道ひとすじ〉。似合ってるね。

一本八〇円の焼き鳥をほおばり、ビールをグビグビやれば、自然、足が伸びる。心も伸びる。あちこちから声がもれる。「なんとか残せないのかなあ」「庶民の世界遺産だよ、ここは」。本日のお楽しみ品、タラコおろしを頼み、さっぱり系キムチに大ぶり自家製シューマイも追加した。見れば、どのテーブルも空の皿があふれている。誰も長尻、帰る気になれない。おやおや、寝転がってるのまでいるし。

窓からのぞけば、長蛇の列である。ワタル的にはどうなのかなあ。二五日夜、その赤ちょうちんの灯が消えた。お疲れさま。でも、吉祥寺がさみしくなる。

❖「いせや」は新装オープンしています

呑んべえ列伝⑤　永沢光雄さん（フリーライター）

声をなくしたインタビュアー——新宿二丁目で泣き笑い

（二〇〇五年一一月九日）

焼酎なめつつ「闘病日記」

泣かせるルポを書く、フリーライターの永沢光雄さん（四六）が下咽頭がんの手術で声を失った。その闘病日記『声をなくして』（晶文社、二〇〇五年）がじんわり感動を広げている。コトはめちゃくちゃ深刻なはずなのに、めちゃくちゃ人にやさしくて。よせばいいのに飲んだくれ！　そんな永沢さんに会いたくなった。

ぬーぼーっと、クマさんよろしく寝室から現れた永沢さん、手にはワンタッチで書き消しできる小さなボード。〈関西弁が聞こえてきたんで〉。さっと書いて、すぐ消し、また、さっと書く。〈どちらで？〉。滋賀県です。〈琵琶湖の？〉。ええ。〈フナずし食

べます?〉。そりゃ、大好物で。〈手術できゅう覚をなくしたので、いまなら食べられるかもしれません〉

不自由な筆談で、いきなり笑わせるんだから、さすが名インタビュアー、うまいなあ。テーブルには焼酎のたるがあって、そばでひとつ年下の奥さんが、水割りにしてくれる。まだ午後の三時。おてんとう様がまぶしい。ここは東京・新宿二丁目、ゲイ、おかまちゃんの町である。怪しい雰囲気も漂うけれど、そこがまたよくて、夜な夜な、もの書きが集う。三〇歳手前で出版社を辞めた永沢さんは、この町に住みついて、風俗やスポーツの異色ルポを書きついできた。

いきなり戦争

あれ、お願い、そんな遠慮がちな目を察知して、奥さんがDVDの再生スイッチを入れる。大きなテレビ画面に映しだされたのは亡くなったフォーク歌手、高田渡さんのライブだった。永沢さんは一九五九年生まれ。反戦・平和、高田フォークを信奉する世代としてはいささか若いけれど、なぜか気になるのは、同い年として、わかる。相づちを打ったら、ボードじゃ書ききれないのか、大学ノートに思いのたけを書いてくれた。

〈僕らの世代、ちょっと遅れて、ちょっと先走り。谷間ですね。前には全共闘、後ろにはコンピューターやひきこもり。どないせえっちゅうんや（笑）。戦争、死、急に、いきなりきますぜ。肌に感じる。もしかすると、がんだけど、その僕が生きている間に戦争を味わっちゃうかもしれない〉

焼酎をなめなめ、どきっとする言葉をちりばめる。のどのあたりでガーゼの前掛けが微妙に揺れている。呼吸を助けるために開けられた穴を覆っているらしい。その前掛けがふわーっとふくらんだかと思えば、顔が真っ赤になる。それでも、文字は連なっていく。わが世の春だとばかり、ＩＴだ、株だ、買収だ、と鼻息荒いヒルズ族について。〈おかしいでしょ。何か、おかしい。サギでもなんでもないんだろうけど、サギやドロボー以上のうさんくささがある〉

アダルトビデオ

風俗の世界、アダルトビデオの少女たちの心のひだにわけいっては、文庫本二冊、一三〇〇ページ超のインタビュー集『ＡＶ女優』『ＡＶ女優2』（文藝春秋、一九九九、二〇〇二年）に結実させた。だけど、ずうずうしく話は聞けやしない。飲みながら、じっくり、本音をあぶりだし、珠玉のルポとなる。長嶋茂雄論を注文されれば、なぜか学生運動の闘士に会いに行き、まったくのサイドストーリーから時代のヒーローを浮かび上がらせ、読者をうならせる。原稿にはいつも「私」がいる。だめな自分を丸ハダカにして。

そして、念願だった短編小説集も出版され、いよいよ書き手として脂の乗ってきた四三歳の夏、下咽頭がんが見つかった。手術は成功したものの、声帯を切除、インタビュアーの命、声をなくしてしまった。〈いま、僕の体に起きている苦しさ、痛みをそっくりあなたにおあげしたら、きっとびっくりすると思う。毎日、痛かったり、苦しかったりして目を覚ますのは嫌ですねえ。けれど、妻が笑ってくれているので、まあ、人生、そんなものかと〉。奥さんが、ちらりっとノートをのぞきこんだ。

みんな、死ぬな！

こちらも酒に目がないから、出されるまま、ぎんなん、厚揚げをつまみに、ぐい、ぐい。永沢さんは薬まで焼酎で流し込む。いいんだろうか？　闘病日記は、自分の病状はつとめてユーモラスに描きつつ、不意に訪れた友人の死に悶絶する。こんな記述がある。〈雫である。人の、一人の人間の一生なんて、雫である。心からそう思う〉。そして、こう訴えて結ぶのである。〈みんな、死ぬな!〉

だいぶ酔いが回って、どんな流れだったか忘れたけれど、生命力あふれる沖縄の人間が好きだって話になって、永沢さん、ひときわ大きな文字で書きつけるのだった。〈人生って、そうだよね。涙出てくる。彼らを見ていると。がんだと言われて、いやあ、飲んで、食って、歌って、踊りました〉

ばかな、歌えるわけないじゃないか……、そう思ったら、たまらなくなった。でも、歌ったんだろうな。思いっきり。こんな言葉ももらった。〈ゆったり、しなはれや。人を傷つけんと、そこそこ生きとったらええやん〉。はっとした。仕事部屋の机には昔ながらの市販の原稿用紙、それと鉛筆が転がっていた。〈いまは、二冊だけ本を書いて、妻より先に死にたいなあ。一人じゃ、ちょっとね〉

とっぷり日が暮れた。〈行きますか〉。永沢さん、体の具合もまずまずよくて、奥さんも一緒になじみの焼き鳥屋、そしてバーへふらり。仲良しだなあ。そこでも飲んで、飲んで。居合わせたミニスカートの若い女の子から、サインを求められ、目を細めた。すっかりおやじの顔。見れば、携えてきたボードで盛んにインタビューまではじめちゃって。ぴったり寄り添っている奥さんは、あきれつつもけらけら笑っているのだった。

◇永沢光雄（ながさわ・みつお）
一九五九年、仙台市生まれ。大阪芸術大学文芸学科中退後、劇団活動、風俗雑誌編集者を経る。一九八八年、フリーライターとなり、風俗、スポーツ関連のノンフィクション作品を発表。一九九六年、ＡＶ女優のインタビューをまとめた『ＡＶ女優』（ビレッジセンター出版局、のちに文春文庫）が高く評価され、その後小説を発表し始める。二〇〇二年、下咽頭がんの手術で声帯を除去し声を失う。二〇〇五年、声を失った自身を時におかしく、時に哀しく書いた『声をなくして』（晶文社）を出版し感動を呼ぶ。二〇〇六年一一月一日肝機能障害のため死去。

第18夜　さいき【恵比寿】

うまみそのまま〆サバ

（二〇〇六年一〇月三日）

いつの間にか、わが窓ぎわの仕事場に居酒屋文庫ができた。そこに雑誌『東京人』も並んでいる。ひまにまかせてぱらぱらながめていたら、昭和三〇年代、第三の新人と呼ばれた吉行淳之介さん、遠藤周作さん、安岡章太郎さんらが酒場でなにやら真剣、かつ楽しげに集っている写真が。

戦後生まれの首相が誕生したというのに、世代論が聞こえてこない。戦中派の思いはどうなのかなあ。

で、今夜は彼らの通ったJR山手線恵比寿駅すぐの「さいき」へ。おしゃれタウンにポツンと取り残された昭和二三（一九四八）年創業の古風なたたずまい。くだんの一枚はここの二階で撮られた。

「お帰りなさい！」。のれんをくぐれば、この声に迎えられる。なんだか気恥ずかしく、くすぐったい。L字カウンターは常連で埋まっていて、詰めてもらう。隣の白髪サラリーマン氏に聞けば、あの迎えの声がだんだん心地よくなってくるそうな。もはや文士のたまり場じゃないけれど、彼らの愛したのもこの優しい空気だったのかしら。「サバ、おいしくなってきたよ」。ご主人に薦められてメサバを。脂ののった切り身の色つやだけで、よだれである。それをひと口、酢でしめた硬さがない。さっと酢洗いしたほどの加減、ナマのうまみそのまま。しばしうっとり。ご主人、どんなもんだいってな顔している。これで燗酒《かんざけ》、進まぬわけがないね。

安岡さんにインタビューしたとき、羞恥《しゆうち》心をなくした日本人はゴリラにも及ばぬと嘆いておられた。「ヘアヌード的な状態が経済社会のなかで起こったらどうなるのか」。われらがニューリーダーに、そのあたりの想像力があれば。勘定をすませると、こんな声で送られた。「行ってらっしゃい！」

第19夜 山田屋【王子駅北口】

ふふふ。大道さんと銀だら

（二〇〇六年一〇月二四日）

また居酒屋ガイドか。本屋の新刊コーナーにあった『東京居酒屋探訪』（講談社、二〇〇六年）を手にしたら、これ、芥川賞作家、大道珠貴さんの処女エッセー集だった。ちょっと難儀な人間（だから小説を書いてるんだろうけど）が、赤ちょうちんに抱かれて、ぼろぼろ赤裸々な告白をしているあたりがいい。どきどきして。で、今夜はそのエッセー集に登場するJR京浜東北線王子駅北口から歩いて五分ほどの「山田屋」へ。ふふふ、大道さんと一緒！「しょっぱいドライブ」の九十九さんと同じ、なで肩の居酒屋バカは周囲に吹聴したね、むろん。だって美人で、酒豪で、無頼（いまや死語か）とくりゃ、言うことありませんからな。

縄のれんをくぐって、驚いた。広い。銭湯の脱衣場を思わせる。大きなテーブルが一〇卓ほど、それもゆったり配置してあって、ふろ上がりにコーヒー牛乳を飲み、ほうけている、あの空気。エッセーにはこうある。〈幸せが、まんべんなく、感染していく感じ〉。なるほど、サラリーマンも新橋なんかと違って、自然な笑顔でくつろいでいる。

ビールでのどを潤し、品書きから、これは外せない、と薦められたのが、半じゅく玉子。ミニサイズのそばに、あっさりかつお風味のだし、そこに温泉卵がぽんと入っている。つるつる〜と胃袋に収まって。日本酒に変えたら、これよ、と出てきたのが銀だらの煮付け。ふっくら白身を濃いめの甘辛味で仕上げて、もうとまらない。くじらのベーコンを頼んだら、作家はいたずらっぽくのたまった。「せっけんのにおいするでしょ」

酒って何ですか？　「仲人かな、人と人との」。そう言ったかと思えば、あわてて付け加えた。「（笑）って入れておいて」

第20夜　なすび【目白】

超穴場、ハクサイでちびり

（二〇〇六年一一月二一日）

これぞ足で見つけた赤ちょうちん！　スクープをとったみたいに小躍りしたって、この情報化時代、どこかでだれかが紹介している。くんくん鼻を頼りに歩きはすれど、いつも先達の後塵《こうじん》を拝するばかり。ああ、大東京の空の下、まこと穴場はないのかしら。

で、今夜はJR山手線目白駅から三分ほど、割烹《かっぽう》「太古八」わきの路地奥にぽつんと灯のともる**「なすび」**へ。その扉を開けただけで吸い込まれた。穴場のにおい。世俗とは別の時間が流れているのがわかる。気がつけば、黒光りするカウンターと同じくらい年季の入った職業不詳の常連らとの談笑のなかにいた。

目白最古のバーらしい。でも、少しも気取ったところがない。〈いざかや〉とルビをふるべきたたずまい。酒はいろいろ選べるけれど、肴《さかな》は亭主任せ。持ち込んでもいい。出てきたのはハクサイのブイヨン煮。ま、男料理だから手は込んじゃいないけれど、なかなかどうして。焼酎の水割りをなめつつ、冬を控え甘みを増したハクサイを味わう。

二代目亭主によれば、終戦直後、母が近くの線路沿いではじめた。屋号は「一富士二鷹《たか》三茄子《なすび》」から、つまりは謙虚たれ、との戒め。雑誌の神様、池島信平さんら、そうそうたる顔ぶれだったらしい。いや、先だってはこの一二人も座れば満員のカウンターで、評論家の粕谷一希さんを囲んでの「粋・酔・談」があったとか。恐るべき穴場である。

あれこれ博覧強記の亭主の語りに酔っていたら、言われた。「昔、たしかおたくの夕刊に母のこと、書いてもらって」。だれあろう、その筆者はわが毎日新聞の女性記者のさきがけ、増田れい子さんだった。さすが歩いて書いてたんだなあ。穴場は、そうそうありませんな。

第21夜　京八【新川】

ブンヤの哀歓、京風牛皿

（二〇〇七年一月九日）

〈酒もすき餅もすきなり今朝の春〉。新年早々、虚子の句にひざを打って、さあ、飲むぞ！　と年男の居酒屋バカは張り切れど、犬も歩けば棒に当たるとは限らない。そこで古本屋で掘り出した毎日ＯＢ、佐々木芳人さんの『酒の店』（昭文社、一九七九年）をめくる。これがおもしろくて。

社史に残るスクープこそないものの、この明治生まれの記者、なかなかの酒豪、そして名文家だった。『ブンヤ酔虎伝　エンピツ・酒・古道具少し』（鶴書房、一九六七年）なる本もあって、有楽町時代のブンヤの哀歓を、古机にこびりついた〈大虎小虎たちの、飲み、かつ、談じた茶わん酒のシミ〉をたどって描いた。

で、今夜はその先輩の飲み屋ガイド本に導かれて新川の「京八」へ。地下鉄東西、日比谷各線茅場町駅から永代通りを東へ五分、のれんをくぐれば、祇園祭のちまき、ぷんと京の香りがする。むろん主人は京都の人、カウンター前のおでんのだしの湯気までなにやら上品。酒は賀茂鶴。

ここは毎日OB、昭和初期の大新聞人、城戸元亮も顔を出していたらしく、豪放な筆致の色紙が飾ってある。〈酔裡之乾坤〉。マッチには〈酔ひ給へそれがすべてである〉とボードレールの詩。佐々木先輩も二つの言葉を味わいながら飲んでいる。おでんもいけるが、京風牛皿はさらに極上。甘辛に炊かれた牛肉、たっぷりつゆを吸った焼き豆腐としらたきがたまらない。

本社が有楽町から竹橋のビルに移って四〇年、スチール机に茶碗酒のシミは見つからない。スケールのでかい記者も減った。佐々木先輩は一九九二年に八〇歳で他界していた。どんな記者でした？　ご健在の奥様に聞いた。「体が大きくて、よく飲みましたね。あなたもお気をつけて」

第22夜　中ざと【三ノ輪】

平さん、最後のいも天

（二〇〇七年一月二六日）

元祖風俗ライター、吉村平吉さんが荷風みたいに万年床の部屋でひとり逝って二年になる。享年八四。その破天荒人生を、劇団にんげん座が演じると聞いて、両国のシアターX《カイ》まで見に行った。題して「浅草のへーさん」。男と女のエトセトラを肴に、また平さんと飲みたくなった。

で、舞台が跳ねるや、今夜は三ノ輪の**「中ざと」**へ。地下鉄日比谷線三ノ輪駅からすぐ、明治通りと昭和通りの交差点わきを入ったあたり。ここはその昔、平さんとその仲間、殿山泰司さん、野坂昭如さんらが「酔狂連」なる道楽グループをつくって遊んだ拠点、芝居にも登場した。といっても、煮込みのうまいごくごく平凡な赤ちょうちん。

カウンターにある平さんの指定席、五〇年ものの鉄鍋の前に座った。まずは名物の煮込みから。こってりみそ仕立ての牛と豚のモツ、そのふわふわやわらかいこと。「六〇周年祝いをやってやるって言ってくれて」。おかみさんが懐かしむ。平さんは大のビール党、ちょっとはにかんだ顔で、親しかった吉行淳之介さんとの思い出話が尽きなくて。

新潮新書から頼まれて色街に生きた自伝を書いていたけれど、ぐうたらゆえ、筆は進まず、原稿は三分の一でおしまい。うまくいきゃ、大ベストセラーだったのに。それもまたよしか。「亡くなった日もここで飲んでたよ。いも天をおみやげにしてね」。おやじさんが、そのいも天を揚げてくれた。ほくほくをほおばりながら、でも平さん最後の晩さんは冷めたいも天だったかと思うと、ぐっときた。

にんげん座の舞台のフィナーレはレビュー。飲んで、飲んで、飲みだおれた伝説の遊び人は華やかなショーが好きだった。さみしがり屋だったからなあ、平さん。

呑んべえ列伝⑥　吉村平吉さん（元祖風俗ライター）

裏の裏まで哀楽極めその死は荷風のごとく

（二〇〇五年三月二六日）

うらやましいなあ。平さんの死は永井荷風のようだった。だれにみとられることもなく、万年床の散らかった部屋でひとり逝く。発見されたのは死後五日たってから。それを寂しいとかいっちゃおしまい。吉原で遊びを尽くし、楽しくてやがて哀しき人生を極めた男の理想の最期なんだしね。

父に連れられ神楽坂の置き屋で酒の味を覚えた。旧制中学を出てエノケン（榎本健一）一座の文芸部に入り、浅草レビューのとりこに。早稲田の政経に入ってからも出入りは続き、戦後は紅灯のちまたでポン引き生活。そして風俗ライターの道へ。『実録・エロ事師たち』（立風書房、一九七三年）が出世作だったが、まじめに原稿用紙に向かうのは苦手。田中小実昌さんや野坂昭如さんらと「酔狂連」なる道楽グループをつくっては大人の遊びに興じた。こちらはおおまじめ。区議選に立ったりもした。吉原をはじめ色里の裏の裏から、どこで仕入れるのやら最新風俗事情まで知っていた。そちら方面に興味のあった吉行淳之介さんは取材のサポートを頼み、ときにモデルともなった。私が平さんに初めて会ったのは、その吉行さんが亡くなって二年後の偲ぶ会の席、どなたかにご紹介いただいた。名刺に肩書はなく、ただ〈浅草プロデュース〉とあった。ひょうひょうとしていて、いい味になったヒモノみたいだった。

そんな平さんとお酒をご一緒したのは昨年夏のこと。吉原にほど近い竜泉のアパートそばの古びた居酒屋。直前に後輩風俗ライターの広岡敬一さんが亡くなっていた。「週刊誌にコメントしたら、一万円送ってきて」。そのカネで飲ませてもらった。「福島の彼女のところに行っててね」なんてトボけながら、吉行さんとの思い出話になった。

「遊び人というとむちゃくちゃなのがいるが、吉行さんは優しかった。私もいろいろ女がいたけれど、みんなあきれて逃げていく（笑）。女性、それも水商売の女性にモテるにはまめでないと。あんまりまめでもダメで。吉行さんは、ほどがよかった。ほどがね」

自伝を書いていたが、原稿は三分の一までだった。

◇吉村平吉（よしむら・へいきち）

一九二〇年、赤坂の骨董商の長男として生まれる。早稲田大学専門部政経科卒業後エノケン一座の文芸部員となるが、召集され戦地へ。帰国後、有島一郎、堺駿二らと浅草で劇団を立ち上げるが失敗し、上野、新橋でポン引きをしながらライターとして活躍。一九五八年、売春防止法施行によりポン引きを引退。「戦後初の風俗ライター」と呼ばれる。吉行淳之介、色川武大、野坂如昭らと交流が深く、小説のモデルにもなった。著書に『実録・エロ事師たち』、『浅草のみだおれ』、『吉原酔狂ぐらし』（ちくま文庫）など。二〇〇五年、死去。

第23夜　やま崎【新橋】

雨彦さんの一句

（二〇一〇年一一月八日）

その腕にかかれば、お高く止まっている美女たちもまな板のコイ、生きのいい刺し身にされていく。コラムニストの青木雨彦さんのインタビューは痛快だった。だが、自らをインタビュー屋と称した名人にして、インタビュー前夜は酒、会った夜も酒だったらしい。

「やま崎」で飲んでいる。新橋は烏森のビル二階にある居酒屋。胃をチクチクさせた雨彦さんがひいきにしていた。あめ色した小さなコの字形カウンターで、底抜けに明るくおしゃべりなママを囲み、ポテトサラダあたりをつまめば、なるほど安らぐ。

「ある晩、ひとりでいらしたの。あさって入院するんだって」

〈あたたかき十二月なり胃をきりぬ〉。渥美清さん、夏目雅子さんら、がん体験者の俳句を集めた『いのちの一句』(毎日新聞社、二〇一〇年)に雨彦さんの句もあった。さっきから隣で杯を傾けている俳人の森戸柚斎さんが飲み仲間としての雨彦伝を書いていた。「焼きいもみたいに温かく、かつダンディーな人でした。病気のことも教えてくれなかったなあ」。この一句を詠んだ翌九一年春、雨彦さんは亡くなった。享年五八。

インタビュー屋でなくとも胃は痛む。ママを慕って、いつしか多士済々の顔がカウンターを埋めていく。おでんの具みたいでおかしい。常連が三〇周年記念文集を出していた。題して「キャラ立ち日記」。「島倉千代子さんの『からたち日記』じゃないけどね。娘に言われちゃった。一番、キャラが立ってるのはお母さんだよって」。ママが笑った。みんな笑った。

人気アナウンサーだった土居まさるさんを追悼した一文もあった。膵臓《すいぞう》がんで逝った彼もまたこのカウンターを愛していたという。

第24夜 ますだ【京都・先斗町】

迷わず「ぴりっ」と大名だき

（二〇〇七年二月二〇日）

一二日は菜の花忌、司馬遼太郎さんの命日だった。東大阪の自宅はいま、記念館になっていて、ファンの足が絶えない。庭先の土管に植わった菜の花の愛らしいこと。おびただしい歴史物語は、この黄色い野の花のごとき人間を、書斎からやさしく見つめ、面白がる目がつむいだもの、と居酒屋バカはいつも思うね。

で、今夜は京都・先斗町の**「ますだ」**へ。石畳の路地を四条からぶらぶら上がる、ここは司馬さんが産経新聞京都支局記者時代から通った酒場。タヌキの置物が迎える小上がりに扁額《へんがく》がかかる。〈桃唇向陽開〉。作家が踊るように筆を走らせたに違いない、そのちょっと色っぽい字にニタリとする。どこぞの芸子さんを思い浮かべたのかしら。

カウンターには京の普段着のおかず、おばんざいを盛った大鉢が並ぶ。迷わず大名だきをもらう。古漬けタクアンを塩出しし、薄味のだしで含め煮にしてある。鷹《たか》のツメがぴりっ、広島の酒「賀茂鶴」の大徳利《とっくり》が空いていく。滋賀県の「もったいない知事」、嘉田由紀子さんも好物だと言っていたなあ。琵琶湖産のもろこの白焼きも絶品である。

おやおや？　ぼんやり酔眼に妙な断り書きが浮かぶ。〈おとっくり二本　門げん十じ〉。きっぷのいい三代目おかみいわく。「これ、溝口健二さんのパートナー、脚本家の依田義賢さんがしょうゆでさらさら、とね」。うーむ、さすがはキネマの都、小道具もなかなかこってるわいな。

ところで、司馬さんはわが大阪外大の大先輩でして。その母校が阪大に合併されると聞いて、悲しいやら、腹立たしいやら。京情緒に浸りながら一緒に飲んでいた外大OBも、ホンマや、責任者、出てこい！　菜の花の大学を消したらあかんで。

第25夜　秀吉本店【鶯谷】

オカンのぽかぽか「天串」

（二〇〇七年二月二七日）

東京で呑んだくれてて、母の七回忌を忘れてしまっていた。危篤の知らせで名神高速を飛ばし、大津インターを降りたあたりで吹雪になったのを思い出す。愚息の到着を見届け、ほな、さいなら、と逝った母……。親不孝ものの居酒屋バカ、遅ればせながら、リリー・フランキーさんの『東京タワー　オカンとボクと、時々、オトン』（扶桑社、二〇〇五年）を読んで、ぐすん。

で、似合わぬ涙をふいて今夜は鶯谷《うぐいすだに》、東京のオカンに会える「**秀吉本店**」へ。JR山手線鶯谷駅南口から三分、ここは珍しや、串カツならぬ天串で一杯の立ち飲み屋である。赤ちょうちんのそばに〈一日お疲れ様でした〉の言葉、戸を開ければ、エプロンに三角巾のオカンたちがぽかぽか笑顔でいらっしゃい。

串カツならソースにどぼん、でも、天串は塩。パンチの利いたカレー塩もあれば、ほんのり香り立つ抹茶塩もある。エビのぷりぷり、キスのねっとり、さつまいものほこほことくれば、もうとまらない。お薦めは春菊天、しゃきっとした薄い衣が小気味よく、手のひらサイズもあっという間。オリジナルブレンドの芋焼酎「秀吉」が進む。「普段着のおもてなしっていうんですかね。都会の人に少しでもふるさとを感じてもらえたら」。天ぷらを揚げながら、オカンが言った。カウンターの隣にいた常連さんは秋田の出身。「しばらく帰ってないなあ」。そうつぶやいて、また一杯。なんでも秀吉の似顔入りTシャツまで特注したほれ込みようとか。オカンの力、まこと偉大なり。テレビで映画「駅　STATION」をやっていた。高倉健と倍賞千恵子がわびしげな居酒屋でぴったり寄り添っている。おお、流れる歌は八代亜紀、♪さかなはあぶったイカでいい……。イカも揚げてもらおうか。

第26夜　源兵衛【早稲田】

学生街の懐かしオムライス

（二〇〇七年三月六日）

ピンクの便せんに〈新しいアルバムができあがりました〉の言葉を添えて、クミコさんが『十年～70年代の歌たち～』を送ってくれた。居酒屋バカ、いまはなき新橋のシャンソニエ「アダムス」でその歌声を聴いて以来のファンでね。かぐや姫の「神田川」なんてシャンソンっぽい大人の歌に化けていた。いいぞ。

で、クミコワールドの余韻を引きずりながら、今夜は都の西北、地下鉄東西線早稲田駅から高田馬場方面へ一〇分の**「源兵衛」**へ。早大OGの彼女も通ったのかしらん、昭和元（一九二六）年から続く稲門御用達の赤ちょうちん。縄のれんをくぐってカウンターに座るや、学ラン姿の応援団ご一行が二階の座敷へ。テーブル席にはテレビでよく見る教授のお顔。

看板にもなっているシューマイはうまいし、アジのクサヤもいける。でも、そこは学生街、メニューは食欲を満たしてくれなくちゃ。イチ押しはオムライス。薄焼き卵でくるまれた昔懐かしのスタイルながら、洋食屋仕込みのデミグラスソースがたっぷり、その濃い味がビールに合う。さっきから学生時代の思い出を語る常連もぺろりである。

ところで、いまどきの早大生ってどうなんだろう？　バンカラなんて感じ、どこにもないし。三代目のおかみさんは言った。「学生の客足、どんどん遠のいてるんですよ。ハンカチ王子はいずれ来てくれると思うけど」。奥島孝康元総長の字が目を引いた。〈志高頭低〉。実態はその逆ってわけじゃないでしょうな。

クミコさんは手紙に書いていた。〈懐メロではなく、これからの勇気と希望を歌に託しました〉。そうそう、酔っぱらったからといって、愚痴ばっかりこぼしてないで、もうひと踏ん張りしないといけませんかなあ。

第27夜　武蔵屋【桜木町】

「三杯屋」のタラ豆腐

（二〇〇七年三月一三日）

急にミナトの風に吹かれたくなった。山口洋子さんに会ったせいかしらん。♪よこはまたそがれ……。鼻歌も出りゃ、もうだめ。夕刊が一段落するや、そそくさと編集局を抜け、ハマ行き電車のシートに身を沈めた居酒屋バカ、ちょい不良《ワル》どころじゃないね。

で、今夜は（たそがれるのを待ちきれず）横浜はJR根岸線桜木町駅からぶらっと一〇分の「**武蔵屋**」へ。看板もなければ、のれんもない。ましてや赤ちょうちんもない。それでいて戦後すぐから左党の心をくすぐってきたハマの文化財、常連たちは愛情を込めて「三杯屋」と呼ぶ。お酒はコップ三杯まで、その間に決まったつまみが出てくる。

タマネギのスライス、おから、納豆、お新香とシンプルな小鉢が続き、メーンはタラ豆腐。ふっくら豆腐に淡泊なタラの切り身をあわせた汁ものだが、これがおつ。ちりめんじゃこに七味がぱらり、ほんのりゆず風味も利いて、飽きない味になっている。白髪も美しい名物おばあちゃん姉妹が切り盛り、コップの空き具合を見計らい、鉄瓶で燗酒《かんざけ》をそそいで回ってくれる。

見れば、いまは亡き名コラムニスト、青木雨彦さんの色紙である。〈塗箸《ぬりばし》の剝《は》げて小芋《こいも》の煮ころがし〉。いい句だなあ。小芋？　すると、おばあちゃん、笑って衣かつぎを運んできた。「雨彦さん、武蔵屋の箸は、はげちゃいないよ、ごめんねって」。エピソードにぬくもりがある。だから、客筋のよさはハマでもピカ一。中田宏前市長なぞ、のたまったそうな。「これでようやく一人前になりました」

とはいえ、決して敷居は高くない。むしろおおらか。そこが港町。ただ、三杯で帰れるはずもなく、野毛のネオンの海をゆらゆら、よろよろは仕方なしか。

呑んべえ列伝⑦ 司馬遼太郎さん（作家）

没後一〇年、ママが語る夜の赤坂「菜の花忌」

（二〇〇六年二月九日）

東京は赤坂に司馬遼太郎さんの愛した酒場があった、と耳にした。呑んべえだったかどうかはともかく、夜の素顔は気にならぬでもない。司馬さんが亡くなって一二日で一〇年になる。グラス片手に菜の花忌を、と探した。

終生、大阪に暮らした司馬さんも、あれやこれやでちょくちょく上京した。で、ひと仕事終え、編集者らと飲むのは、赤坂のネオン街から外れた乃木坂に近い**「花の木」**だった。ホテルのバーも利用したけれど、常連として通ったのはここだけ、浮気しなかった。

ごく親しい仲間内の隠れ家だったから、その存在は一般には知られていない。でも、それとなく描いたことはあった。〈……坂のくだったあたりに、懇意の酒肆《しゅし》がある。

酒肆などと気どっていうほか説明しにくい店で、バーというふうでもなく、居酒屋でもなく、小さなビルの地下一階にあって、他家の応接室ですわっているような感じである〉（『街道をゆく（33）白河・会津のみち、赤坂散歩』）

冷たい雨の中、ママの黒田孝子さんに会った。昼下がりの駅前ハンバーガーショップで。くだんの酒場はもうやっていなかった。つてをたどって、ようやく連絡がついた。「ええ、去年の夏、体力的に無理かなと思って閉めたんです」。いまは老人ホームで、お年寄りの話し相手を」。品があって、知的なたたずまい。司馬さんも先の文章の続きで書いている。〈聡明で無口でよく気がつくひと、といえば女性の理想にちかいが、そんなふうな中年女性が番人のようにぽつりといる〉。「フフフ、とっくに還暦も過ぎちゃいました」

締めはうどん

ゆっくり、コーヒーをすすりながら、黒田さん、心の中にしまっていたアルバムを開いた。「座られるのは奥のボックスの真ん中でした。編集者らは先生の話が聞きたいから取り囲む。でも、先生はちっとも偉ぶらないの。ほかのボックスも回って、みんなと話される。気配りがすごい。水上勉さんが言っておられた。ぼくは、司馬遼太郎には勝てない、どんなことがあってもって（笑）。歌はモンゴルの民謡だったか。締めは関西風のうどん。もらおーって、大声で。帰られるときもそう。ありがとねー、お世話さまーって」

精神の自由はアルコールがあれば、なおさら奔放になる。うらやましきかな、司馬サロン！　そもそもは『週刊朝日』元編集長、涌井昭治さん（七八）の紹介だったらしい。確認した。「遠い昔の霞の中だなあ。司馬さんは割に気難しい方だから、気に入らないと通うわけはない。でも、あそこはええわ、と言っておられた」。『街道をゆく』の担当編集者だった浅井聡さん（四四）も言う。「銀座なら、先生、先生とちやほやされ、サインをねだられる。黒田さんは特別サービスいいわけでもなくてね。そこが気持ちよかったんやろなあ」

「上官！」

いつだったか、ここで感動の再会があった。戦時中、司馬さんは旧満州（現中国東北部）の戦車第一連隊にいた。そのときの上官だった松木善信さんとばったり出くわしたのである。陸軍戦車学校を卒業した司馬さんは五期後輩、見習士官だった。黒田さんはその夜のことを鮮明に覚えている。「二人とも跳び上がらんばかり。司馬先生なんて、ぴりっとして立ち上がって、上官！　って。そりゃ、敬礼ものでしたよ。あとはしばらく、言葉にならなかった。それから何回か、うちで飲まれていました」

その松木さんも司馬さんが亡くなって四年後に他界した。北朝鮮からの引き揚げ者の親ぼく団体「清津会」の事務局長でもあった。戦争を恨み、異国の地で眠る同胞への思いを忘れなかった。司馬さんからの手紙を家宝にしていた。

〈……小生は、二十三のとき終戦を迎えました。大戦の末期、なぜこんなふうに日本人が日本国をたたきつぶすのだろうと思い、むかしは（明治か、それ以前は）昭和のようなばかな人達がいたろうかと思ったりしました。むかしはどんな人がいて、どんな世だったかということを、小生はずっと手紙にして、二十三歳の自分に送りつづけてきたような気がします〉

別世界

司馬さんは香りを楽しむウイスキーのお湯割りを好んで飲んだらしいけれど、権力のニオイにも敏感だった。「ある財界人が政治家に転身したとたん、一緒に飲まなくなられたの」。そんなこんなの思い出があふれだし、黒田さん、記者の携帯で、大阪にいる司馬夫人の福田みどりさんに電話した。それぞれの「司馬遼太郎」を胸に、まるで仲良し女学生の長電話みたいで、おかしかった。でも、そのとりとめもない会話に、司馬さんはいないんだ、と痛感させられた。

ひとり、夜の赤坂を歩いた。「花の木」へと続く階段を下りたけれど、さんざめきは聞こえない。みどりさんも寂しそうだったなあ。「司馬さんがあっちへ行ってからも東京に出るたび、寄りたいと思っていたんだけど。残念だわね。ほんと、あそこ、別世界が開ける感じがしたのよ」。この国は、司馬さんを失って一〇年、迷走を続けている。その答えは、もはや自ら見いだすしかない。ぴしゃっと閉まった扉の前で立ち尽くした。

◇司馬遼太郎（しば・りょうたろう）

一九二三年、大阪市生まれ。大阪外語学校蒙古語科卒。産経新聞文化部に在職中の一九六〇年、「梟の城」で直木賞受賞。以後、「司馬史観」と呼ばれる自在かつ明晰な歴史観に基づき、歴史小説を一新する話題作を続々と発表。一九六六年に「竜馬がゆく」「国盗り物語」で菊池寛賞受賞をはじめ、受賞歴多数。「街道をゆく」に代表されるエッセイなどでの活発な文化批評でも知られる。一九九三年、文化勲章を受章。一九九六年、腹部大動脈瘤破裂のため急逝。忌日の二月一二日は「菜の花忌」とされている。

第28夜　西口やきとん【浅草橋】

生レバーにニンニクみそ

（二〇〇七年三月二〇日）

わが赤ちょうちん文庫には天下の奇誌『酒とつまみ』が創刊号（二〇〇二年一〇月）からそろっている。中島らも、高田渡ら御大のべろべろインタビューも秀逸なら、中央線ホッピーマラソンなるアホ企画も笑える。ピーナッツと煮干し、柿の種で描く漫画なぞ、哲学的ですらある。九号が出て、一〇号も見えてきた。めでたい。

で、今夜は「酒つま」編集長、大竹聡さんとJR総武線浅草橋駅西口すぐの**「西口やきとん」**へ。本職はフリーライターの大竹さん、すでに赤ら顔である。「うんちくもなにもなし。ただ身から出たサビをこそげて書いてるだけです」。謙そんされるが、二〇〇〇部のスタートが、いまや八〇〇〇部とは恐れ入る。

そんな「酒つま」の応援団でもあるこの立ち飲み屋、もつ焼き通にはたまらない。

名物の白獅子（カシラとシシトウ）、赤獅子（ハツとシシトウ）もいけるが、お薦めはレバ刺し。串刺しの大ぶり生レバーにニンニクみそをたっぷりつけて。ねっとりした食感と、ひんやりレモンハイボールの相性がすばらしい。珍しい塩煮込みも逸品である。

酔っぱらうと、人は自慢をしたがる。この名編集長とて例外ではない。かつて、ここで看板までの七時間耐久立ち飲みマラソンを敢行した、と開陳された。「えへへ。アテネ五輪のころだったんで、リポートのむすびは、北島康介選手のセリフになぞらえ、チョー気持ち悪ぃ！」。どこまでもおとぼけ路線である。

飾り気なるものを一切、脱ぎ捨て、ただの一呑んべえに戻れ、つまり、自然に返れ、と説く。編集長はルソーだね。でも、居酒屋バカ、まだまだ修業が足らぬせいで、このコラムもああだ、こうだとぐだぐだ書き連ねてばかり。教えられるなあ。

❖現在、レバ刺しはあぶって出している

第29夜　可わら【阿佐ヶ谷】

井伏鱒二と焼きポテサラ

（二〇〇七年三月二七日）

赤ちょうちんコラムも一年である。呑んべえ冥利に尽きるこの仕事も、そろそろ看板かと思いきや、もっと飲ませろ！　と常連さまからのご注文とか。ありがたやー。痛風の悪夢、メタボリックシンドロームの来襲におびえながらの居酒屋バカ漂流、いましばらくお付き合いいただく。

で、今夜はJR中央線阿佐ケ谷駅北口から五分、スターロードの飲み屋街を抜けてすぐの**「可わら」**へ。看板はない。藍染めののれんをくぐると、電灯の光もほの暗い別世界、床はたたき、二五年の時間で壁はいぶされ、品書きビラも飴《あめ》色になっている。瞬間、妄想にとりつかれた。かの井伏鱒二がいる気がしたのである。泰然と杯を傾けて。

むろん、幻である。居酒屋幽霊がいたわけじゃない。掛け値なしの渋さに満ちていたからだろうね。大皿に盛られたゴボウ煮、コンニャク煮のしょうゆ色まで、なにやら雰囲気である。ポテサラにうなった。頼むと、エプロン姿のご主人、フライパンでソテーしてくれる。マヨネーズが大人の味になり、これをなめつつ、あれこれ地酒を試す。

いまもなお中央線沿線で飲めば、荻窪で、阿佐谷でイブセ・マスジと耳にする。あの焼き鳥屋にいたよ、と聞けば、すぐ同じ串をほおばりに行く。こよなく酒を愛した文人らしい文人、その面影に接したいとの心理はファンならおわかりのはず。このご主人は幻じゃない井伏を目撃している。うらやましい限り。

思えば、この一年、ずいぶん飲んだ。おい、スクープはどうした！　としかられそうだが、しばし待たれよ。唐の詩人、高適の「田家春望」に井伏の名訳があるではないか。〈……トコロガ会ヒタイヒトモナク　アサガヤアタリデ大ザケノンダ〉

第30夜　一歩【高田馬場】

美味し国の手こねずし

（二〇〇七年四月三日）

フレッシュマンの季節である。入社二五年、だいぶくたびれた居酒屋バカだって青雲の志を抱いた。高田馬場に近い寮から、だぶだぶスーツを着込んで、記者道イロハの研修に通ってたころ。平壌支局に行きたい！　と大言壮語を吐いたりしてたんだよなあ。

で、今夜はわが社会人スタートの地、ＪＲなど高田馬場駅から五分、早稲田通りを小滝橋へ向かって、急坂を下ったところの**「一歩」**へ。まずもって屋号がいいね。そばを神田川が流れている。早大ＯＢの作家、笹倉明さんがエッセーで紹介していたのを読んだのがご縁である。ほっとする家庭のダイニングそのもの。

おかみさんは三重の人である。下戸なのに酒呑みのツボはちゃんと心得ている。大皿の煮物は外れがない。うれしいのは伊勢志摩の味。冬場なら的矢ガキあれこれ、これからはカツオを使った手こねずし。針ショウガをまぶしたすし飯に、しょうゆだれにつけ込んだカツオがふんだんにのっかっている。しこたま飲んだ締めの伊勢うどんもいい。

常連客は多士済々、文集もできた。元新党さきがけ代表の井出正一さんの文がふるっている。敗戦直後、クラスでカルタをつくった。信州の造り酒屋の息子ゆえ〈カラダニドクハサケタバコ〉の文句に小さな胸を痛めた。でも思った。「おれんちの商売は戦車や鉄砲を製造する軍需産業ではない。平和産業なのだ」

そんな井出さんにお聞きしたら、造り蔵には出入り禁止の身とか。「永田町の雑菌がついているからなんて言われましてね。せがれに任せていますよ。ハハハ」。これだから居酒屋めぐりはやめられない。思いがけない人と話にであえて。気になるのは近ごろの新人記者諸君、あまり飲まないんだよねえ。

第31夜　Jolly【銀座七丁目】

夏彦翁と焼きビーフン

（二〇〇七年四月一〇日）

コラムニストの山本夏彦さんは短い文に笑いと毒を含ませた。傑作はこれ。〈何用あって月世界へ。月はながめるものである〉。新聞大キライの偏屈じいさんだったけど、いまその辛口コメントが懐かしい。たとえば、何用あってまた五輪？　東京都知事に石原慎太郎三選の感想やいかに。

で、今夜はその山本さんに教えてもらったとっておき酒場、銀座七丁目の「Jo《ジョ》lly《リー》」へ。電通通りのヤナセを入って、右折したあたり。バーといえば、バーの装い。でも、サラリーマンの財布で大丈夫だから、あえて居酒屋を名乗っている。ママに言わせれば、コラムニストは「木曜の君《きみ》だった」。毎週木曜の晩に決まってドアを押した。

ここはウイスキーの水割りグラスを傾け、銀座の男を気取っても、つまむのはいたって赤ちょうちん的なのがおもしろい。亡くなったダンナが東大のラガーマンだったからか？　ポテトサラダにはじまって、オムレツ、ひじき、たたみいわし……。居酒屋バカの楽しみは焼きビーフン。ちっちゃなエビ入り、いかにも家庭風である。さっと酢をふりかけてすすれば、腹にもたれず、いい具合に酔える。

おっかなく見えた山本さんも実際、会ってみると、いつもつるつる顔がほころびっぱなしだった。「大昔から食いものを捨てる国民、助平の限りを尽くした国民は滅びました」。そうおっしゃったときの目がぎょろりとしていたのを覚えている。かつてはここのカウンターに吉村昭さんや諸井薫さんの姿もあった。

ママは「銀座が寂しくなった」と訃報《ふほう》のたび悲しんだ。ビーフンの味は変わらないが、風格ある人物がいなくなっていく。われら新聞人も悩ましい。だれにコメントをもらえばいいか、と。

呑んべえ列伝⑧　山本夏彦さん（コラムニスト）

辛口コラムニスト――銀座の夜の甘口話

（二〇〇二年一一月五日）

八七歳で亡くなった辛口コラムニストの山本夏彦さんとは、ほんのちょっと仲良しだった。短い文章に笑いと毒を含ませ、たったひとりのキャンペーンを張った。だが、夜の東京・銀座には、甘口の山本さんがいた。

「木曜の君だったわね」。銀座七丁目にあるバー「Jolly」のママ、柴辻叙子さん（六九）は、そうつぶやいたまま、山本さんの座っていたカウンターの隅っこを見やった。きりりっとした感じの人である。銀座といっても、このご時世、客引きもいれば、キャバクラかと見まがうホステスまでいるが、このバーはいたって地味である。あえて「居酒屋」と名乗っていることでもわかる。

まるごと住友

ママの言葉の通り、山本さんは、毎週木曜の夜、それも決まって七時半ごろ、現れる。そこには、これまた決まって元住友生命のサラリーマン、青木衛さん（六五）がグラスを傾け、待っている……。夏彦コラムに「住友の社員」「まるごと住友」あるいは「甲」と出てくる十数年来の飲み友達である。気取らぬおかずをサカナにゆっくり酒を飲み、気のおけぬ友と語りあって、辛口の衣装を脱ぐ。ビーフンを焼きながらママは言う。

「山本さんがおいでくださったのは、作家の森田誠吾さんの紹介でした。主人の同級生。それがおかしい。発行されている雑誌『室内』と手紙を送ってこられ、決して怪しいものではないですからって（笑）。お構いしないのがサービスなのかしら、ホッとなさるみたいね。いろいろ作家の方もお見えになりますが、山本さんを見つけると、みなさん、プレッシャーを感じられる。作家の諸井薫さんとは漫才でしたけどね……」

国が滅びる

たしかにコチコチになるのも無理はない。インタビューで、初めて山本さんの仕事場『室内』編集部にお邪魔したときも、そうだった。気になる人物とはいえ、新聞大キライの偏屈ジイサン、おっかなそうだ、と二の足を踏んだ。が、会ってみると、拍子抜けするほど温和。くぐもった声で、どれくらいの行数なの？　と尋ねるや、おもむろに用意していたメモに沿って、語りだす。テープを起こし、原稿にすると、ドンピシャだった。

〈大昔から食いものを捨てる国民、助平の限りを尽くした国民は滅びました。ギリシア・ローマの昔から王侯貴族だけが独占できた贅沢です。それを百年に一回くらいずつ革命を起こし、人類は健康を保ってきたのです。ところが二十世紀末の現在、大衆が食いものを捨て助平の限りを尽くして、倒す人がいなくなった。まるごと倒れるほかなくなりました〉（『毎日新聞』一九九八年七月二日付夕刊、特集ワイド）

帰りのタクシー

記事が出ると、早速、はがきが届いた。〈そちらの社内外の反響はどうですか〉。最後に行きつけの店の連絡先が添えてあった。それでも、なんだか、気後れした。折に触れ、コメントをお願いしたり、たまに電話がかかってきてコラムの調べ物のお手伝いをしたが、一緒に飲むのは、ボロが出そうで怖かった。が、「まるごと住友」の青木さんは、敬遠どころか、飲み友達である。ママいわく、山本さんも舌を巻く博識なんだそうである。そして、ウマがあった。青木さんが語る。

「ズルズル飲んでばかりで……。木曜なのは、私のゴルフの都合にあわせていただいた。胃がんの手術を終え、五月のコラム再開後、また木曜にって、電話がありました。いつも手には『週刊新潮』。この人、私の書くものを読んでくれないからって(笑)。銀行や証券、保険会社の悪口もさんざん言っておられた。ムッとすると、第一生命のことだよって笑われる。頓知がありました。帰りのタクシーの中で、次に書くコラムのネタを話される。私の反応を見ておられました。結局、あれから二回しか飲めませんでした」

おじいちゃま

しばらくして、恵美ちゃんがカウンターに入った。ママの娘さんである。才媛ぶりに目を見張っていたら、恐れ多くも山本さんを「おじいちゃま」と呼ぶではないか。

「とにかく、おじいちゃま、古い言葉がポンポン飛び出す。わかんないって言ったら、喜んでる。結婚祝いにふろしきを頂いて、あ、チリメンって言ったら、若いのによくわかったねって、感心された。でも、おじいちゃま、新しい機械には目がなかった。ボイスレコーダーを買ってきて、取扱説明書がわかりづらすぎるってブツブツ言ってた。もっと頭のいいやつが書かないとって」


あれこれ思い出を聞いていたら、ひょいと珍客が舞い込んできた。「二階堂夏彦」。作家志望の中年男である。本業は株関係らしい。どこをどう見込まれたのか、ペンネームの名付け親は山本さんである。「ふたり夏彦めぐりあう」と題したコラムにちゃあんと登場している。

「悪いことしちゃったな。一回ね、先生と食事したかったんだよね。この間、小説の注文をもらって、三分の二は出来あがったんだけど、書くのやめちゃった。先生は好奇心いっぱいだった。知らない世界への探究心がすごかった。ヘンなジイサンだったけど、哲学あるジイサンだった。金稼ぎではなかった。誰にもこびなかった。よくそれで食えますねって言ったら、売れてますから、おもしろくてしようがないって、トボケてた」

松井は好青年

Ｊｏｌｌｙで一時間ばかり飲むと、山本さん、青木さんと連れ立って、ネオンの銀座をぶらぶら、八丁目の路地の奥の奥にある隠れ家ふうの小料理屋「大羽」へと向かうのが常だった。ご主人、大羽耕一さん（五五）の腕をたいそうほめていた。
「イモ類は必ず、豆腐も好物でした。お店で、巨人の松井秀喜選手に会ったんですが、ご存じない。でも、松井選手、ニコニコして、セ・リーグもパ・リーグもわからない方がいらっしゃいますよって言って、玄関まで見送った。すると先生、松井選手は好青年だってコラムで書かれた。歌手の森山良子さんもご存じなかった。モリヤマ・カヨコは知ってるが、リョウコは知らないぞって。それで森山さん、アカペラで歌っちゃったんです。先生、大満足でした」

あっぱれ！　新聞は広告しか読まぬ、テレビもめったに見ぬとおっしゃるガンコものだけのことはある。しかも、山本さんを語る人はみんな、そろいもそろって辛口コラムニストの無邪気さに顔をほころばせる。

「にせ日本人」

山本さんの声に最後に接したのは、サッカー・ワールドカップ開催中の六月だった。日本人の熱狂ぶりについてコメントを求めると「それくらいなら、来るには及ばんよ」。たちまち電話口から、夏彦節が聞こえてきた。〈みんな金髪や茶髪。でも、これはしかたがない。われわれは日本人じゃない。「脱亜入欧」。明治時代からずっとそうなんです。「にせ日本人」の極です。ロシア戦は見ました。寝転びながら見たら、首が痛くなりました。それにしても、テレビってどうやって見ていいかわからない。映画館は隣に客がいるが、テレビやビデオには客がいない。寝転んで見ていいものやら、座って見ていいものやら。二時間近くも寝転がってるわけにもいかない。さて、みなさん、いったい、どういう姿勢で見ていらっしゃるのか。私の興味はそっちにあるんです〉(『毎日新聞』二〇〇二年六月一九日付夕刊、特集ワイド)

語り口までもコラムニストだった。削りに削って、えも言われぬ笑いの余韻を残す。

「銀座が寂しくなります」と青木さんがため息つけば、Ｊｏｌｌｙのママもまたポツりと言うのだった。

「山本さんは、この国に警鐘を鳴らし続けてらしたのね。教育者だった。私たちは心の贈り物をいっぱい、いただいた」

◇山本夏彦（やまもと・なつひこ）

一九一五年、東京下谷根岸生まれ。詩人・山本露葉の三男。少年期に渡仏後、一九三九年、二四歳で『中央公論』に「年を歴た鰐の話」（L・ショボー原作）を発表。一九五五年、雑誌『木工界』（一九六一年より『室内』と改題）を創刊。一九八四年に菊池寛賞、一九九〇年に「無想庵物語」で読売文学賞を受賞した。『室内』で「日常茶飯事」、『週刊新潮』で「夏彦の写真コラム」、『文藝春秋』で「愚図の大いそがし」、『諸君！』で「笑わぬでもなし」を連載。著書に『浮世のことは笑うよりほかなし』（講談社）、『私の岩波物語』『「社交界」たいがい』（文春文庫）、『世間知らずの高枕』『オーイどこ行くの』（新潮文庫）など多数。二〇〇二年、胃ガンの転移により八七歳で逝去。死の直前までコラムを書き続けた。

第32夜　神馬【京都・西陣】

母思い、グジの塩焼き

（二〇〇七年五月一五日）

「おかあさん」を党の歌にした国民新党代表代行の亀井静香さんにインタビューしながら、居酒屋バカも母を思い出していた。認知症だったから遺言らしきものはなし、ただ紙切れに〈錦　ぐじ〉とあった。京都の錦市場に大好きなグジ（アマダイ）を買いに行きたかったんだなあ、と思ったらなんだかぐっときた。

で、今夜は京都は西陣かいわい、千本中立売上ルの「神馬《しんめ》」へ。水上勉さんの「五番町夕霧楼」の舞台になったあたり、最寄りはバス停くらいである。創業昭和九（一九三四）年、落ち着いた白壁に歴史を感じる。縄のれんをくぐれば、大きなコの字カウンター、ちっちゃな朱塗りの太鼓橋があって、その奥にも島のごときカウンターがひとつある。

タクシーを奮発してでも足を運ぶのは祇園の料亭にも負けぬ絶品魚あれこれが口にできるから。グジの塩焼きを頼むと、ご主人がミニ解説。「昔は若狭でしたけど、いまは対馬のが最高です」。しばらくして「おまっとさんです」の声に乗って、ほの赤い皮目ぱりぱりのお目当てが。淡泊にしてコク深し。七種の日本酒をブレンドした燗《かん》酒《ざけ》が合う。お母ちゃん、いただきます。

ジャーナリストの有田芳生さんの著書『歌屋　都はるみ』（文春文庫、一九九七年）にも出てくるけれど、都はるみさんのお父さんもここの常連だった。見ると、レジそばにはるみさんのスナップ写真。その隣は有田さん。同志みたいな二人のほろ酔い姿をながめていて、うらやましくなった。事実に語らせ、情に流されない筆の裏にある互いの信頼、これがあるから、書けるんだよなあ。

東京に帰って「神馬で飲みました！」と有田さんに電話で報告したら、「なーんだ、そんなことか……」と笑われてしまった。

第33夜　路傍【中野】

サトウハチローの玉手箱

（二〇〇七年六月五日）

新聞記者は人に会うのが商売だけど、居酒屋バカ、あの世で飲んでおられる人にも会いたくなる。サトウハチローなんてその筆頭でね。ほれっぽくて、泣き虫で、むろんお酒が大好きで。リンゴだけじゃなく、庶民の気持ちがよーくわかる、あの無精ヒゲにインタビューできたらなあ。

で、今夜はJR中野駅北口から三分、ブロードウェイを右に折れた路地角にある**「路傍」**へ。熱湯をさっとかけて出してくれるおしぼりで顔をぬぐえば、広島は呉の名酒「千福」の四斗樽《だる》が目に入る。♪せんぷくいっぱいいかがです……、ダークダックスの歌ったあのCMソングを作詞したのがハチローで、千福の社長と連れだってきたらしい。おかめのマークが、先代のおかみさんに似ていたとか。

ほっとするのはカウンターに切られたミニいろりのせいである。「滋賀のコンニャクって赤いんだって？」。炭火でじっくり季節の野菜をあぶりながらのご主人のうまいもの談議、これが尽きない。謎の「きみの玉手箱」を頼む。山芋と卵のふんわり蒸し焼き、ノリだれをかけ、スプーンですくっていただく。摩訶《まか》不思議なコク！「脂を敷いてるんですよ。何の脂か当てて」。ハチローみたいに笑った。

一合升になみなみつがれた樽酒《たるざけ》さまをこぼさぬようにぐいーっ、ぐいーっ。赤穂の天塩を縁にのっければ、いくらでも入る。いいねえ。あれは？　すっかりくすんで、酔眼じゃなお見にくいが、壁に若山牧水の歌があった。〈それほどにうまきかとひとの問ひたらば何とこたへむこの酒のあぢ〉。呑んべえハチローなら、さあて、どう答えたか。庶民にはイヤなことだらけの時代だから、悲しくて、悲しくて、と泣き出しちゃったかもしれないな。

第34夜　喜幸【京都・高瀬川】

天然ものでいい雲古

（二〇〇七年七月一七日）

ＪＲ東海のＣＭじゃないけれど、ふと思い立って京都に行きたくなる。しかも七月は祇園祭！　盆地だからめっぽう暑いものの、ヒートアイランドの東京に比べりゃ、油照りもまたよし。食いしん坊の居酒屋バカにとっては、別名の鱧祭《はもまつり》がふさわしいけどね。

今夜は四条河原町からすぐ、高瀬川わきの小路にある【喜幸】へ。ご主人のキーちゃんは近江の人、カウンター隅に水槽があって、鴨川のアユがすばしっこく泳ぐ。ゴリもいる。開高健さんがここののれんをくぐったのは晩年に近いころ、釣り仲間の天野礼子さんと一緒だった。「この水槽はいけすじゃない。琵琶湖とつながってるの」。開高さんの喜ぶ顔が浮かぶ。

まずは祇園さんに敬意を表し、ふわふわのハモの落としでビールを一杯。続いて、水槽からすくい上げたアユを塩焼きで頼む。酒は伏見の純米酒で決まり。頭からがぶっとやれば、ああ、この苦み、そして、たで酢の香り……、言葉はいらない。「川底がいいんですわ。石が光ってますから。天然ものを食べたら、養殖は食えまへん」。キーちゃんの自信に隣り合わせになった遠来の客の顔もほころぶ。

ゆっくり時間が流れる。このカウンターで四季折々、ほんまもんの川魚をアテにちびちび飲んでいると、酒が体の芯までしみこんでいく。「イケズな嫁さんです」「何、言うんです」。割烹着の似合うおかみさんとキーちゃんとの夫婦漫才みたいな掛け合いも和ませてくれる。お通しに出される、ほんのり緑がかった青大豆のおぼろ豆腐、これを目当ての常連も多い。

食通で知られた開高さんはこんな色紙を残している。〈この店ではいい雲古《うんこ》の出るものを食べさせてくれます。保証します〉

第35夜　春【葛飾柴又】

「レッド春」で寅さん思う

（二〇〇七年七月三一日）

渥美清さんの俳号は風天だった。むろんフーテンの寅さんにちなんでいる。居酒屋バカ好みの一句はこれ。〈一っ杯めのために飲んでるビールかな〉。いいでしょ、飾りっけなくて。八月四日は命日（一九九六年没）、会いに行くか。

で、今夜は葛飾柴又、京成柴又駅の改札を出て徒歩一〇歩の**「春」**へ。古い五軒長屋のひとつ、地元のガキ大将だったご主人と青森生まれのおかみさん、夫婦で切り盛りしている。カウンター席の座布団は唐草文様。のれん越しに見えるのは寅さん像、トランクをさげ、妹さくらの「お兄ちゃ〜ん」の声に振り返っている。男はつらいよ、とひとりつぶやき、ビールで乾杯。

看板の焼き鳥、行者ニンニクのしょうゆ漬けで、オリジナルの酒「レッド春」をぐびっ。辛い！　聞けば、たっぷり唐辛子をつけ込んだ焼酎をトマトジュースと炭酸で割ったものらしい。ビールと違って、パンチのあとの二杯目からがいける。渥美さんが撮影の合間につまんだ納豆オムレツを頼む。そりゃ、おしゃれじゃない。ちょいとばかり不格好だけど、下町の味は高級レストランもかなわない。

クーラーがないから、うちわをパタパタ。「渥美さんにね、二人目の娘の名前、さくらにしたいって言ったら、それは僕の妹だ、花ならいっぱいあるだろって。だから、すみれになっちゃってさ」。浅丘ルリ子さんが大好きなおかみさん、そんな思い出を話してくれる。ご主人が笑っている。手術をしたばかりで、声が出ない。でも、元気、張り切っている。きっと寅さんが勇気をくれるんだろうな。

まるで映画、柴又の人情あふれる常連たちが、ふらっと立ち寄っては、一杯ひっかけて帰っていく。立ち去りがたい風景に酔った。

第36夜　とんぼ【ゴールデン街】

惜別　マレンコフ

（二〇〇九年九月一八日）

新宿盛り場暮らし六〇年、流しの加藤武男さんが一一日、亡くなった。享年八二。よれよれジャンパーにギター抱えて「どうです、一曲」とささやかな夢を売り歩いた。酔客は本名など知らない。誰が呼んだか、マレンコフ。

「とんぼ」で飲んでいる。新宿ゴールデン街のバー、マレンコフのギターを最後に聴いたのがここだった。たしか七夕の前夜、ふらり現れた団鬼六さんとご一緒した。ほどよく酔ってきたところで十八番、東海林太郎のオンパレード。ぬれたギターの音が文壇きっての美声を引き立てる。カラオケにまねできない。

梶山季之さん、田中小実昌さんら新宿文化人に愛されたマレンコフ、滝田ゆうさんの漫画にもちょくちょく描かれた。「ゴールデン街の宝ですから」。ほれ込んで、映画人の飯島洋一さんがビデオで追いかけていた。「オレ、還暦だろ。マレンコフのデビューのとき生まれたんだよね。二曲一〇〇〇円。だったら、ラーメン食うみたいな若者に流しの魅力を伝えてやりたくて」

けんしょう炎になるとアコーディオンを抱えた。それもまた味があった。曲名を告げれば、即座に分厚い歌集のページを答えた。いつだったたか、蛮勇振り絞って、「青い背広で」をお願いした。♪青い背広で心も軽く　街へあの娘と行こうじゃないか……。古賀メロディーと思えぬウキウキ軽快なリズム。マレンコフも好きな歌だった。

不況風が身にしみていたに違いない。路地裏でしょんぼりする姿をよく見た。「ごめんね、帰っておくれ」。ママもつらそうだった。それでもギターを離さなかった。

終電まで、いや、死ぬまでドアからドアへ。「どうです、一曲」。

ありがとう、マレンコフ。

第37夜　三漁洞【渋谷駅南口】

初サンマと昭和の歌声

（二〇〇七年八月二八日）

おかしなもんだね、昭和がこんなに懐かしくなるなんて。赤ちょうちん界も昭和ブーム、あちこちにレトロを演出した酒場が生まれている。居酒屋バカ、そんなフェイクにはだまされない。わざとらしく由美かおるのホーロー看板があったらげんなりだし。

で、今夜はJR渋谷駅南口の歩道橋を渡ってすぐ、ビルの地下一階にある「三漁洞」へ。クレージーキャッツの元メンバー、故石橋エータローさんがご主人だった。黒縁メガネにおかっぱアタマ、ピアノを弾いていた姿、覚えてますとも、覚えてますとも。屋号のいわれは？　割烹着の似合うエータロー夫人いわく。「海釣りに川釣り、えーっとおか釣りだったかしら」

釣りざおかついで世界中を飛び回り、天下の趣味人といわれた福田蘭童《らんどう》を父に持つエータローさんも粋人にして大の釣り好きだった。『釣った魚をおいしく食べる』（新潮文庫、一九八四年）を著したほどの包丁のさえは受け継がれ、刺し身の盛り合わせを本わさびで堪能していると、夫人が「今日からサンマですよ」。ああ、もう秋か。なで肩のサンマを愛したエータローさんが「日本の味これにあり！」って書いていた塩焼きをお願いする。

ぷくぷくの身をほぐしながら、イモ焼酎の水割りをぐいっ、ぐいっ、飾らぬ昭和に酔えるなあ。添えられた山盛りのダイコンおろしもうれしい。箸休めは「らんどうづけ」。これ、蘭童流お新香、ダイコン、ニンジン、キュウリをごま油で炒め、酢じょうゆにつけ込んである。もともとはまかないで残った皮を再利用していたらしいが、いける。

入り口にあった「シャボン玉ホリデー」のスタジオ写真を酔眼でながめていたら、明るかった昭和の歌声たちがよみがえってきた。

呑んべえ列伝⑨ サイデンステッカーさん（日本文学研究者）

冷や奴はいいです ひんやりした白い冷や奴

（二〇〇七年九月六日）

日本文学研究者のサイデンステッカーさんが亡くなった。享年八六。文芸は門外漢だけれど、赤ちょうちんを愛したサイデンスさんなら、ちょっと知っている。ほろ酔いインタビューも試みた。「美しい国」なんて口にするわれらが首相、安倍晋三さんにもお伝えしたい。その珠玉の「遺言」を――。

サイデンスさんと初めてご一緒させていただいたのは東京は新宿の「利佳」だった。社用族お断りの縄のれん、きっぷのいいママにほれ、夜な夜な、常連らが集った。こだわりの一品はおでんくらい。飲んで、語るのに不必要なもの一切なし。白木のカウンターでビールを飲みながら、興にまかせてのおしゃべり、そして笑い、嘆くのだった。

「どうしたんですか、日本は！　どのテレビのチャンネルも巨人ばっかり。料理ばっかり。クイズばっかり。極端すぎます。日本は貧乏が似合う国でした。それが……。文豪もいなくなって、日本で紹介したいものはなくなりましたよ」

飲むほどに顔を赤らめ辛らつになっていく。「近ごろの飲み屋、若い連中ばかりのところ、女ばかりのところ、カラオケのあるところ、みんなヤーです」。その昔、デートもしたらしいママの訃報をハワイ滞在中のサイデンスさんにお知らせしたことがあった。「さみしすぎます。私のほうが早く死ななければならないのに」。何の変哲もない居酒屋を「ここに日本があります」とまで言っていた。

東京では湯島のマンションで一人暮らしだった。お邪魔するとテーブルに**「鍵屋」**のマッチが転がっていた。多くの文人らが通いつめた根岸の老舗居酒屋。かつて道路拡張で存続が危ぶまれたとき、サイデンスさん、たまらず新聞に投書した。〈この国は人間よりクルマのほうが偉いのですか〉。幸い江戸の建物は移築・保存され、路地裏にあった大正の建物でいまも灯をともし続けていてくれる。

その「鍵屋」、たたずまいからして左党をよろこばせる風情に満ち、ご主人が銅の燗付け器から純白の徳利を引き上げるきりっとしたしぐさもいい。サイデンスさんお薦めの逸品は冷や奴だった。「おいしいですね。いいものと思います。どこかしら品があるでしょ。日本の料理のなかで私のとても好きなもののひとつです」。飽食、グルメの対極、冷や奴こそ、日本文化の粋だと教えられた。

冷や奴文化論には続きがある。「冷や奴はシンプルです。本当にシンプルでいいものです。でも、日本料理はきれいすぎる、と思うことがあります。見た目が美しすぎるなあ、と」。知られているように川端康成のノーベル文学賞受賞記念講演の題が「美しい日本の私」だった。その英訳を手がけたサイデンスさんが「美しすぎる」ことへ疑問を呈したのがひっかかった。こんな文章があった。

たまたま「利佳」で隣り合わせて飲んでいた中年紳士にしかられた、というのである。〈私達は（略）江戸の庶民文化の汚さというものを軽視している。現在の日本文化は江戸文化の延長であるからして、その汚れた部分を知らないかぎり本当の日本文化を知ったことにならないのではないか。〝美しい日本〟ばかりを追い求めるのは不

勉強である〉（『新宿利佳の二十年』私家版）

そう指摘されてサイデンスさん、落ち込むかと思いきや、先代中村勘三郎から面白い説を耳にし、ひざを打つ。歌舞伎の舞台はあまりきれいに掃除しないほうがいい、汚い舞台からよい歌舞伎が生まれる――そんな内容だった。日本の美しさの奥深さ、われわれのDNAには、それを感知できるセンサーが備わっているのかもしれない。のれんをくぐったとたん、ここはいいぞ、とピンとくるのがたいてい横丁の薄汚れた酒場だったりするのはそのせいか。

ただの呑んべえのくせして、偉そうなことを書き連ねてしまった。お許しいただきたい。でも、新聞記者にとっても居酒屋は最高の学校である。市井の喜怒哀楽にも触れられる。それが楽しくて、居酒屋バカと称し「今夜も赤ちょうちん」なるコラムを連載（東京夕刊、毎週火曜）させてもらっているが、いつも思うのは、この国に居酒屋があってよかった、に尽きる。

サイデンスさん、最後のインタビューで、こうおっしゃっていた。「あの六本木ヒルズ、ヤーな東京のシンボルです。品のない東京のシンボルです。それに比べ、冷や奴はいいです。ひんやりした白い冷や奴。東京の居酒屋でいただく冷や奴は」。そのしみじみした語り口が忘れられない。

さて、新しい内閣が発足して、心を入れ替えられたかどうか、秋の一夜、安倍さんを美しい赤ちょうちんにお誘い申し上げようかしら。下戸だと聞き及んでいるけれど、どうです一杯。

（「記者の目」）

◇エドワード・G・サイデンステッカー

一九二一年、コロラド州出身。コロンビア大学名誉教授。コロンビア大学で政治学を専攻し、一九五〇年から東京大学で日本文学を学び「蜻蛉日記」を英訳。王朝文学から「源氏物語」、谷崎潤一郎、永井荷風まで、翻訳や研究で有名。日本の近代文学を一〇〇点以上英訳し、川端康成のノーベル文学賞受賞には、「雪国」「千羽鶴」の名訳での貢献が大きい。一九七七年菊池寛賞、一九九一年山片蟠桃賞など。二〇〇七年八月二六日都内の病院で死去。

第38夜　岩手屋本店【湯島】

「美しい国」しみじみと

（二〇〇七年九月一八日）

「美しい国」の安倍晋三首相が表舞台を去る。朝刊「記者の目」で、居酒屋を愛した故サイデンステッカーさんとのほろ酔いインタビューを紹介しながら、首相に本物の日本の美しさに触れてもらおうかしら、と一杯お誘い申し上げたばかりだったのに。で、今夜は地下鉄千代田線湯島駅からすぐの**「岩手屋本店」**へ。湯島で暮らしたサイデンスさんお気に入りのひとつだった。赤ちょうちんに〈奥様公認酒蔵〉とある。昔は電話も引いていなかった。なんでも細君に亭主の居所を突き止められないようにしていた、そんな居酒屋バカ好みの愉快な伝説が残ってて。

さて、ここでやるなら、やっぱり岩手の地酒「酔仙」。酒肴《しゅこう》はホヤ、ズブス、マツモ……。みちのくの珍味がそろっている。ホヤは海のパイナップル、ズブスは別名トンブリ、陸のキャビア、そしてなじみのないマツモは松の葉に似た高級海藻である。どれも素朴ながら、ついつい酒が進む。楽しいのは突き出しが代わること、たしか一本目は青大豆をゆでた小皿だった。

常連には近くの芸大教授らも多いらしい。さりげなく飾られている絵や書は、そんな先生の手になる、いや、品書きの字までそうだというからさすが。酔眼できょろきょろしていたら、宮沢賢治の文を見つけた。〈世界がぜんたい幸福にならないうちは個人の幸福はあり得ない〉。格差の是正、その本質を賢治は言っているね。サイデンスさんの言葉を思い出した。「日本は貧乏の似合う国でした」

かくして永田町の「美しい国」は幻と消え、横丁の「美しい赤ちょうちん」は残った。これでいいのだ……。なんだかしみじみしてきたなあ。ご主人、飲み過ぎちゃいけませんよ、の目をした。

❖震災で岩手の酒蔵は被害を受けたが、常連客らも復興をサポートしている

第39夜　酒処かみや【荻窪】

不易の酒場に看板娘

（二〇〇七年九月二五日）

東京の日常を歩く、そのおもしろさを教えてくれたのは川本三郎さんの『雑踏の社会学』（TBSブリタニカ、一九八四年）だった。火事だ、殺しだ、と関西で走り回っていたころ、くたくたの体を酒でごまかしては、東京散歩を夢みていた。

で、今夜はJR荻窪駅西口からすぐ、線路わきの**「酒処かみや」**へ。創業半世紀、川本さんが〈いちばん好きな不易の酒場〉と書き、ちくま文庫版ではカバー写真にもなっている。ご本人いわく、「まだ神谷酒場っていってってね。古本屋をひやかし、夕刊紙を買い、カウンターでビールを飲む。幸せでしたよ」。ビルになって二〇年、町内の寄り合い所の雰囲気は変わらない。

安くて、うまい。普段づかいの赤ちょうちんの鉄則を見事にクリアしている。赤貝のひもなんて、山盛りで四五〇円！　ありがたい。パワー不足のときに頼むのはロースカツ、五〇〇円！　揚げたてにLサイズの市販のトンカツソースをどぼどぼかけて、はふはふ。浅草の老舗「神谷バー」との縁でデンキブランもあるけれど、痛風が気になる居酒屋バカはウーロンハイを。

永田町てんやわんやで、新聞記者もハイテンションが続く。いまが見えなくなる。そんなときこそ、不易の酒場である。またたく間に日常に引き戻され、テレビニュースを見ながら、常連たちとしばしの居酒屋政談、これがためになる。世論調査より的確じゃないかとさえ思えて。レジそばにちょこんと座っている大正生まれの看板娘、九一歳のおばあちゃんが笑っている。

都会で生きる、それは流行に振り回されることかもしれない。だから、計算をすませるや、誰もが看板娘の不易の微笑みに癒やされ、声を掛けてしまう。「おばあちゃん、ごちそうさま！」

第40夜　河本【木場】

詩人と聖地でホッピー

（二〇〇七年一〇月九日）

酒場詩人、吉田類《るい》さんと出会ってかれこれ一〇年になるかなあ。思えば、この土佐のいごっそうにして、心優しき呑んべえに導かれつつ、居酒屋バカ道を邁進することになった。いわば恩人でね。近著『酒場のオキテ――「酒通」の「粋」がわかる本』（青春文庫、二〇〇七年）をひもとけば、変わらぬ詩情あふれる文章に酔わされる。で、今夜はその類さんと連れだって地下鉄東西線木場駅からぶらぶら、平久橋のたもとにある「河本」へ。木場の潮風に色あせたのれんをくぐれば、昭和がそのままそこにある。詩人はここを聖地とおっしゃる。すり切れたカウンターで、ただ名物おかみとたわいない下町話を交わしていると、不思議と安らぐ。あとは野良ネコがニャーと鳴くだけ。何もない。それがいい。

ディープな酒場はなぜかホッピーが似合う。おかみは旧型コーラ瓶で冷やされた焼酎をジョッキに注いでくれ、それを客が好みで割る。つまみは煮込み、それも卵入りで決まり。いささか武骨な感じもするけれど、しっとり、ねっとりしてうまい。カウンターの隣ではこれまた酒場の名指南、森下賢一さんがいつもの笑顔で泰然と座っている。一流呑んべえを引きつけてやまない何かがここにはある。

「あの荷風だってひいきにしてたんだから」。壁に飾られたモノクロ写真を指さして類さん、いたずらっぽく言った。なるほど、荷風散人らしき人物がおかみと一緒に写っている。まあ、タネ明かしはよそう。「電信柱と結婚したくなるときもあったよ」。そんな孤独を抱きながら、旅から旅の酒場詩人、その飲みっぷりはさすが土佐仕込み。「旅空の下、のたれ死にしたいね」。とことん、かっこいい男なんである。こんな句がある。〈福神の待つ居酒屋や夜半の秋　類〉

第41夜　呑喜【東大前】

人生はおでんの如し

（二〇〇七年一〇月一六日）

めっきり涼しくなってくると、われら呑んべえ同士のあいさつは自然、こうなる。「おでんで一杯やりますか」「むふふ、よろしいですな」。猛暑続きだったせいか、居酒屋バカ、この秋がいつになくいとおしく感じられ、おでんの湯気がちらついてならない。

で、今夜は本郷、地下鉄南北線東大前駅を本郷通りに出てすぐの**「呑喜」**へ。創業明治二〇（一八八七）年、東京きっての老舗おでん屋である。漱石、龍之介もここののれんをくぐったらしいけれど、常連は文士にとどまらない。四代目主人が黄ばんだ色紙に目をやる。「あれ、この間辞めた方のおじいさん」。〈美味延寿〉。岸信介元首相の筆だった。現首相、福田康夫さんのお父さんも通っていた。

そんな秘話を聞きつつ、大鍋をながめれば、たっぷりのだし汁に泳ぐ幸福のタネたちがご指名を待っている。コンニャク、はんぺん、がんもどき……と平らげ、名物ふくろを試す。油揚げに牛肉、シラタキ、タマネギが詰まっている。関東風の甘めのカツオだしがいいあんばいで、まるですき焼きをほおばる感じ。

おやっ？　定番のダイコンがない。聞けば、もっと寒くなってからのお楽しみとか。こだわるのも無理はない。主人いわく、そもそもダイコンをおでんダネとした元祖なのだそうである。おでんに歴史あり、か。さて、ちびちび燗酒《かんざけ》が五臓六腑《ごぞうろっぷ》にしみわたったところで、うまいものがもうひとつ、茶飯である。しょうゆと酒で炊いたご飯、シンプルながらもきりりっと締まる。

ほろ酔いでどなたの筆かは失念したけれど、味わい深い一節が掲げてあった。〈人生はおでんの如《ごと》し〉。すばらしいね。ここでおでんをつついた秀才たち、この意味をかみしめてくれたかしらん。

第42夜　たこ梅【大阪・道頓堀】

食い倒れ、ケチやおまへん

（二〇〇七年一一月二〇日）

同じ看板の毎日新聞でも東京本社版と大阪本社版とではずいぶん違う。たまに大阪毎日を開くと、ああ、やんちゃに書いてるなあ、とうれしくなる。そんな大毎精神あふれる社会面の隅っこに懐かしいおでん屋の名を見つけた。

で、今夜は大阪は道頓堀の**「たこ梅」**本店へ。五年ぶりに再開、とあった。江戸は弘化元（一八四四）年創業の日本一古いおでん屋である。ミナミの人情酒場として愛されるも、かいわいの主役が若者になり、おまけに不景気もあって客足が遠のいた。「なにわの味を伝えなあかん」。再びのれんを上げたのは脱サラ五代目の意地だった、と聞く。

ここ大阪では、おでんにあらず、関東煮《かんとだき》と呼ぶ。お目当ては、ヒゲクジラの舌、さえずりである。チャーミングな命名の逸品、うるさ型の開高健さんもほれ込み、異色の食紀行小説「新しい天体」にたっぷり描いた。しこしこ、ぐにゃっ、とろっ……。微妙に変化する食感、脂のコク、すべての口福をかみしめ、重い錫《すず》のコップで燗酒《かんざけ》をやる。

とはいえ、財布が気になるなあ。と思っていたら、隣のおっちゃん、満面の笑みである。「うまい、うまい。ほんま、うまい」。ああ、大阪人は食い倒れ、ただのケチやおまへんな。「昔は一〇本食べる人もいたらしいですわ。申し訳ありません」。ご主人も恐縮する。味へのこだわりこそ文化かもしれぬ。よーし、さえずり、もう一本！タコの甘露煮ももらおやないか。

ひっきりなしに大のれんをわけて、客が入ってくる。ご主人、こぼれただしのしみ込んだ古いカウンターをカンナで五ミリ削った。「新たな出発ですわ。一〇〇年後もうちのさえずり、食べてもらいたいし」。どこぞの老舗料亭さんとは違うね。

第43夜　慈庵【神楽坂】

グッバイちょんまげ俳人

（二〇〇七年一一月二七日）

ちょんまげ頭に黒眼鏡、異形の俳人、秋山巳之流《みのる》さんと飲めば、いつもべろんべろんになった。そもそもはカリスマ編集者、やじ馬ジャーナリストの血がたっぷり流れていた。この秋、六六歳で没す。

で、今夜は神楽坂、本多横丁を下った「**慈庵**」へ。奥のソファは、怪しくも楽しい秋山学校だった。俳人に限らない。三島由紀夫、寺山修司、中上健次……。その批評眼も鋭い縦横無尽の思い出語りに魅せられ、金魚のフンのごとくつきまとえば、〈渾《こん》身《しん》の秋山巳之流や越後獅子〉なんてナルシシストなのか、テレなのかわからない句でケムに巻く。

さて、ここのママ、四国は愛媛の出で、五七五もなかなかのものらしいが、料理の腕がいい。神楽坂で洋食酒処と看板を出すだけはある。つまみには牛肉トマト炒め。ぬか漬けも手抜きなし。ちょんまげの愛した麦焼酎「百年の孤独」をやりながら、タクマよ、しっかりせい！　と尻をたたかれたころを懐かしむ。

アキヤマ・ミノルの名は魔法だった。悪評もまたさまになった。銀座でも祇園でも、ちょい不良《ワル》オヤジ、そのくせ甘えん坊だった。そこが好きだった。句集「うたげ」に辻井喬さんが一文を寄せた。〈俳諧のおかしみが、風狂の趣のなかに花をひらき、その奥に生命の深淵が顔を覗《のぞ》かせている〉。死に至る病を抱えていたけれど、ひょうひょうとして、芭蕉を夢みていた。

月のさえたJR阿佐ケ谷駅のホームでばったり会ったのが最後だった。「飲みに行けなくてすまんなあ」。ひとり駅前の焼き鳥屋に入った。これで終わりかな、とふと思った。右も左もわからぬ田舎もんを一人前にしてもらった大恩人、ちょんまげ俳人よ、グッバイ。〈焼酎や神もほとけも大あくび　巳之流〉

第44夜　すかんぽ【大阪・谷町】

時鐘さんのスープ

（二〇〇七年一二月一八日）

かれこれ三〇年も昔、大阪は上本町にあった大阪外大で朝鮮語のイロハをかじっていた。勉強はろくすっぽせず、カネもないのに呑んだくれ。この秋、その母校が阪大に統合され、なんだか悲しくて、悲しくて。

で、今夜はかつての学舎にも近い地下鉄谷町線谷町六丁目駅からすぐ、空堀商店街の「すかんぽ」へ。詩人、金時鐘《キムシジョン》さんの奥さんが切り盛りしていた。オープンは一九七九年の一〇月、韓国の朴正熙《パクチョンヒ》大統領が暗殺された日が試食会だった。学生、新聞記者らがマッコリをあおっては語り合ってきた。居酒屋バカのうれし恥ずかし青春酒場である。

久しぶりに時鐘さんと飲む。「僕はまだすかんぽの宣伝部長やで」。チヂミにキムチをつまめば、昔話に花が咲く。「ここで見合いしてフラれたことあったよな」。ハイ、その通り。韓流ブームなんて時代じゃありませんでしたからね。一番のお薦めがポルケジャンスープ。牛のホオ肉、ワラビ、ダイコン、ニンジンを煮込んだ、ちょっぴり辛いとろとろスープである。

これ、そんじょそこらじゃお目にかかれない。命名者は時鐘さん、ご飯を入れて、かき込んでもいい。不条理と向き合い、鋭い言葉をはらわたから絞り出してきた社会派詩人も酒と食い物にうるさい。グルメなんてやわなもんじゃない。開高健さんが「日本三文オペラ」を書く道案内を頼んだのは知られた逸話、在日が生き抜く、そのたくましい食の風景が圧倒的だった。

飲み過ぎたせいか、マッコリは夢見心地になる。あれは入社試験の朝、新聞に日韓の懸け橋になった韓国の詩人、金素雲《キムソウン》の訃《ふ》報《ほう》が載っていた。作文の題が「友へ」。彼の訳した『朝鮮詩集』（岩波文庫、一九五四年）を愛読していたから、その思いをたっぷり。「それで合格したのか？」。「朝鮮詩集」を再訳したばかりの時鐘さんは笑った。

第45夜　真菜板【高田馬場】

燗あがりにみそシチュー

（二〇〇七年一二月二五日）

「燗《かん》あがり」。これ、俵万智さんの『百人一酒』（文春文庫、二〇〇六年）を読んでいて出合った言葉。燗にすることで、よりおいしくなるとの意味とか。さすが歌人だなあ、酔っ払ってもすてきな日本語を拾ってくる。

で、今夜はJR高田馬場駅から一〇分ちょっと、小滝橋交差点手前にある「真菜《まな》板《いた》」へ。友人に燗酒を歌に詠んでくれ、と頼まれた万智さん、心が揺れたら、とはしご酒、印象に残ったのがここだった。むろん大正解、日本酒好きにはつとに知られた居酒屋である。学生街からだいぶ離れているので落ち着いてやれる。

だれしも開眼するのは純米酒、それにじっくり寝かせた古酒あれこれ。琥珀《こはく》色の酒の並ぶカウンターに座れば、児玉清さんを思わせるご主人が、そも古酒とは何ぞやを丁寧に解説してくれる。歌人が「燗あがり」を耳にしたのもこの馬場の二枚目から。うんちくたらたらじゃない、日本酒への愛がある。居酒屋バカも勉強させてもらっている。

たまにスクープ（と自分では思い込んでいる）をものしたときなぞ、いささかぜいたくなつまみを楽しみたくなる。たとえば、カラスミ。ねちっと歯にひっつく感じ、塩の加減もほどよい。うなるのは、八丁みそのビーフシチュー。それこそ「燗あがり」する酒にコクと酸味のあるみそが絶妙のハーモニー。むろん、心配ご無用、優しいご主人に任せれば、つまみと相性抜群の酒を選んでくれる。

かつて、万智さん、新宿ゴールデン街でホステスをしているとのうわさがあった。ミーハーゆえ、くだんのバーに駆けつけると、あの笑顔。「おしぼり、どうぞ。お酒、何にされますか？」。ひゃっほー。〈無頼派と呼びたき君の中に見る少年の空澄みわたるなり〉。そんな男心をくすぐる歌を詠んで、いまはママ歌人。「燗あがり」する酒、飲んでるかなあ。

第46夜　定平【日本橋】

フナずしで「三方よし」

（二〇〇八年一月二九日）

森まゆみさんが雑誌『東京人』で連載している「望郷酒場を行く」に「滋賀県」が登場した。ふるさとの味を求めて東京を歩くほろ酔いエッセー、食の都なら、日本中の料理が堪能できると思いきや、わが故郷、滋賀だけはなぜかなくてね。よくぞ見つけた。おおきに！

で、今夜は日本橋、居酒屋バカの望郷酒場、JR神田駅南口からすぐ、日銀通りを路地に入った「定平」へ。玄関で信楽焼のタヌキがお出迎え。ご主人は湖東は旧秦荘《はたしよう》町の人、タヌキもびっくりの福々しさ。ふるさとのなまり懐かしではないけれど、その醸し出す雰囲気で同郷人だなあ、とぴんとくる、あの感じ。

品書きを見れば、もうよだれ。牛スジ煮、カルビ刺し、メンチカツ、ご存じ近江牛である。脂の刺し具合がほどよく、豪快につがれた蔵元直送の地酒「旭日」の力強さにも負けない。思わずこぼれる、ああ、うまい！　うまい！　さぞや琵琶湖が恋しかろうと、ご主人、とっておきの稚アユの飴だきをサービスしてくれた。甘さの奥のほろ苦さ、ああ、うまい！　うまい！

よだれといえば、呑んべえ滋賀県人が涙するフナずしもある。それも老舗「魚治」の極上品、値は張るものの、食の世界遺産ともいうべき、このなれずしが東京で味わえるなら、奮発したくもなる。酸味のきいたねっとりご飯で、酒をひと口。カラスミをほうふつさせる芳醇《ほうじゅん》な卵で、酒をひと口。チーズにも似た濃厚な切り身で、酒をひと口。ああ、うまい！　うまい！

『全滋連』なる雑誌があって、酔眼をこすり、こすりながめていると、♪三方よしこそ理想とし……、県人会の歌が出ていた。近江商人の道である。売り手によし、買い手によし、それに世間によし。いいこと言いますなあ、われらが先人たちは。むろん、この居酒屋には「三方よし」の精神が息づいている。

第47夜　白雪温酒場【大阪・九条】

「泥の河」的世界で「温酒」

（二〇〇八年二月五日）

大阪を元気に！　大阪に笑顔を！　いくら絶叫されても、ほんまもんのにおいしまへんなあ。なんかうそくさい。そんなことを思いながら、知事選さなかの浪花を歩いてたら、ほんまもんありまっせ、と昔なじみの呑んべえの声がした。

で、今夜は大阪、地下鉄中央線九条駅からキララ九条商店街を抜けてすぐの「白雪温酒場」へ。安治《あじ》川のほとり、源兵衛渡交差点にほの暗い灯、富士山に大きく「温」と染め抜いたのれんをくぐれば、そこはとことんモノトーン、宮本輝さんの「泥の河」的世界である。戦争の傷跡を残す昭和三〇年の安治川、その川面に映る哀歓がよみがえる。

なんでも八〇年近く地元で愛されているらしい。黒光りのカウンター席に腰を下ろし、錫《すず》のチロリで燗《かん》つけされた伊丹の酒「白雪」をもらう。壁は古い美人ポスターのみ、品書きは一切なし。隣席をのぞき、居酒屋バカ好みのメサバ、それとうまそうな湯気を立てていた茶碗蒸しを頼む。ぷるるんとした具だくさんの卵だしをさじですくい、そこにユリネを見つける。

広い厨房《ちゅうぼう》では高倉健さんに似た若主人が切り盛りしている。寡黙。見れば、長靴姿。おでんもほどよく煮えていたので、ダイコンをお願いすると、なんと皮付きのまま。その武骨さがたまらない。ところで、どうして「おんさかば」って言いますの？「おんしゅじょうですわ」。へえー、音読みするのか。温酒場とはまた男っぽい響きである。

「泥の河」にこんなシーンがある。大衆食堂を営む少年の家に遊びにきた廓舟《くるわぶね》で暮らす娘がつぶやく。〈お米がいっぱい詰まってる米櫃《こめびつ》に手ェ入れて温《ぬく》もってるときが、いちばんしあわせや。……うちのお母ちゃん、そない言うてたわ〉。つつましい幸福のあった時代は帰らないのか？　ほんまもんのディープ大阪で燗酒がしみた。

第48夜　升本【虎ノ門】

霞が関の「出世酒場」

（二〇〇八年三月二六日）

ほろ苦い酒の季節がめぐってきた。そう、人事異動である。「会社人間」は少数派になりつつあるとはいえ、ごくひと握り（エリート）をのぞけば、赤ちょうちんに抱かれ、グチのひとつもこぼさにゃならぬ。酒よ、酒よ、聞いてくれ。

で、今夜は地下鉄銀座線虎ノ門駅から三分の「升本《ますもと》」へ。霞が関の官庁街にほど近い風格あるビルの一～三階に広がる大衆酒場、そこがネクタイ族でびっしり埋まる。三代目ご主人いわく。「いまは三分の一ほどに減りましたけど、お役人さんはトラブル嫌い。ビルの飲み屋って安心されるんです」。なんかわかるね。

三大名物のひとつ、煮込み豆腐を頼む。まるまる豆腐一丁にどろっとデミグラスソース風の煮込みがかかっている感じ。豆腐をレンゲで崩しながら、オリジナル日本酒

「霞ヶ関」をやる。タコおでん、カツ煮の名物のほか、季節ものもそろい、あれこれ迷って寒ブリ刺しに新じゃがカレー風味をもらう。安い！　早い！　うまい！　その居心地のよさを「まるで銭湯みたい」と隣のネクタイ氏は言った。

いや、この現代浮世風呂には異名がある。なんと、その名も「出世酒場」。かつて、『サンデー毎日』で「霞が関の憂鬱《ゆううつ》な貴族たち」と題して官僚の生態をルポしていたとき、彼らがいかに人事好きかを見聞した。サラリーマンの比じゃない。ここで飲めば、みるみる出世するのか、あるいは願望にすぎないのか、ご主人も「さあ」と首をひねる。ま、その上昇志向のエネルギーがこの国を引っ張ってきたことはたしかだけれど。

ふと卒業式で歌った「仰げば尊し」の二番を思い出したりする。昭和三〇年代生まれの居酒屋バカ世代まではぐっとくるはず。♪身を立て　名をあげ　やよ励めよ……。人生ままならぬのもいいではないか、エリートに酒の奥深さを知られてたまるもんか。

第49夜　播州【荻窪】

江戸の暗闇で茶碗酒

（二〇〇八年三月四日）

とにかく「エコ」さまの時代らしい。右を見てもエコ、左を見てもエコ。居酒屋バカは気に食わない。そもそも横文字がウサンクサイ。エコロジーならぬエコノミーの略じゃないの？

で、今夜はJR中央線荻窪駅南口からぶらぶら、線路沿いの「播州」へ。荷風本が驚く安さで並ぶ古本屋「ささま書店」の隣、棚をなめまわし、戦利品を抱いての酒はおつなもの。赤ちょうちんはおろか、看板もあったかどうか、のれんをかきわければ、そこはさながら江戸の暗闇、ぬうっとサムライが出てきそう。

目を凝らしたら、浪人風の老サムライがひとり。播州は明石生まれのご主人である。よし、居酒屋を、と思い立ったのがヒノキの銘木に出合ったからとは聞いたためしがない。「節がなく、木場で最後の一本と言われて」。そのピカイチをカウンターにし、戦後すぐの建物はいとおしむように手を入れた。壁の反古紙《ほご》がいい味。〈酒は現金〉。古い酒屋の看板が笑える。

包丁を握るのは息子。品書きはなく、お任せ。まずはかゆをちょっとすすり、胃袋をやさしくいたわって信楽焼の茶碗で日本酒をやる。自家製キンキの一夜干しを焼いてくれ、サムライの浮世離れした風流譚《たん》を楽しむ。あたりは骨董品《こっとう》であふれている。

「昔は売り上げのすべてをつぎ込みましたから」。息子はあきれ顔をしてみせるけれど、父の生き方を尊敬している。

「モノには命がある。その命を大切にするってことじゃないかなあ」。いいねえ。「エコ」と違って。ぷ～ん、石油ストーブからにおってきた。アルミホイルにくるまれたサツマイモが焼きあがっていた。ほくほくのイモで茶碗酒がまた飲める。なんでもサムライ、かつて尺八に凝り、その音は風に乗って荻窪駅のホームにまで届いたらしい。

「虚無僧のスタイルもしてたんですよ！」

第50夜　銀漢亭【神保町】

俳句つまみにもう一杯

（二〇〇八年三月一八日）

おかげさまで、この赤ちょうちんコラムも丸二年になった。編集局の冷たい視線を「鈍感力」（©渡辺淳一さん）で切り抜け、三年目に突入する。シアワセをかみしめつつ、生涯一居酒屋バカ記者だ！　の思いも新たにウコンをひとさじ。

で、今夜は地下鉄神保町駅からすぐ、白山通りを路地に入った、そのまた裏通りの**「銀漢亭」**へ。かねて尊敬するエッセイストの坂崎重盛さんに教えていただいた。会社からも近いのにうかつだった。さすがお忍び散歩の達人だなあ。小粋な英国ふうスタンドバーでありながら、土のにおいがする。風が吹いている。

憎いな、ここ。ざっとお薦めの黒板を見渡しただけで、酒呑みのツボをついているのがわかる。じゃがバター塩辛、豚シャブザーサイをもらい、シークワーサーハイからやりだした。とまらない。とまらない。酒のよき友はつまみの塩梅《あんばい》いかん、たかが立ち飲み屋とあなどれぬ料理人の舌と腕の確かさを実感できる。

こもっていた厨房《ちゅうぼう》から現れたご主人、聞けば、信州は伊那谷の生まれ、道理で土と風である。ふるさとの地名からとった伊那男の俳号で俳人協会新人賞を受けている。屋号は第一句集の題から。元は金融業界のビジネスマンだった。脱サラどころか、バブルにもみくちゃにされ、ほうほうの体でカネの世界から逃げ出した。包丁を握ってもう五年。似合ってますよ。「ハハハ、俳句が支えでした」

へえー、ちりめん山椒《さんしょう》なんて置いているんだ。「手づくりなんですよ。初任地の京都で感動しまして。祇園の老舗の味を再現したくて試行錯誤、お口に合いますか」。

ぴりりに気品がある。酒が進む。なにやら常連らが集まって奥で句会らしい。その楽しげな笑い声でもう一杯。〈昭和遠し冷しトマトといふ肴《さかな》〉。伊那男さんの句をつまんで、もう一杯。

呑んべえ列伝⑩　団鬼六さん（作家）

一期は夢よ、ただ狂え——フーテン老人のエロス全開

（二〇〇八年五月一七日）

あれれ、ステッキを振りあげ、ぴょんぴょん、スキップしだした。あ〜こりゃこりゃって感じ。今夜のインタビューは新宿ゴールデン街でSM小説の巨匠、団鬼六さん、と告げられ、「ワタシ、縛られちゃうのかしら……」なんておっかなびっくりだった女性カメラマンも思わず「かわい〜」。

七七歳。ほんの一年前までは死をも覚悟していた。重い慢性腎不全なのに人工透析を拒否したのだった。出版した老いのエロスを描いた『枯木に花が』（バジリコ、二〇〇七年）の帯には〈今生最後の書き下ろし〉とあった。「とてもやないけど、快楽人間の僕が耐えられると思わんかったからね。死んでもええわと」。夕刊紙や週刊誌は

鬼六流美学、と伝えた。それが奇跡の復帰を。

「倒れてしまって病院に入れられて。しょうがないですわ。大手術をし、それで週三日、四時間の人工透析を受けるようになってね。一日生きるのに血を抜き取られ、ろ過され、戻される。たまらんです。そうそう、身体障害者1級に認定されたので交通機関はたいてい半額らしく、試しにキャバクラに寄って、新米の店長に半額にしろ、と脅かしたら、しよりましたよ」

お気に入りのバーのカウンターで、ウイスキーの水割りをなめる。ママがとっておきのCD「団鬼六　東海林太郎を唄《うた》う」をかけてくれた。聞きほれる。「高田浩吉ばりの声だなあ。つやがあって」。すかさず常連が言った。その自慢ののどもいまはいささか舌がもつれてしまう。なんでも脳梗塞《こうそく》の後遺症とか。「手も震えて。でも、キャバクラで女の子のおっぱい触ったら、喜びよるんですわ、ハハハ」

一期は夢よ、ただ狂え――。室町時代の歌謡を集めた「閑吟《かんぎん》集」の一節を座右の銘として生きてきた。無頼が死語の時代ゆえ、道楽ざんまいの人生は輝きを増すのか、執筆の依頼が絶えない。「僕、後期高齢者ですよ。それなのに編集者は『先生、うちで復帰第一回の小説を』と言うてくるし、女房も頑張れ、頑張れって尻をたたく。ぼちぼち書いてますけど。締め切りを思うと、ぞーっとしてくる。それがまた気持ちよくてね。マゾかもしれんな。さすがに透析の日は、ぼーっとして飲むだけで」

「花と蛇」を読んだ。一九六〇年代、雑誌『奇譚《きたん》クラブ』に連載された長編官能小説。戦後大衆文学の金字塔と評価されている。久しぶりに活字でとろけた。AV（アダルトビデオ）には申し訳ないけれど、レベルが違う。「エロは隠せば隠すほどいい。なのにモロに見せるでしょ。活字ですら、そのものズバリで書く。僕、あれができない。語彙《ごい》も貧弱になった。芸者が伊達巻をすべり落とした。これがもうわからない。なんで芸者がカマボコを落としたの？　と真顔で聞かれる。あーあ、ですわ」

わい談をしていても、ちらと寂しい目をする。七〇歳のときに出会った愛人、元キャバクラ嬢のさくらを思うからか。〇二年、自ら命を絶った。原因不明。東京の桜が咲く少し前だった。四七歳年下の彼女を失い、作家はもがき苦しむ。〈先生ごめんなさい。ごめんなさい。本当に先生を愛してました〉。そんな遺書だった。おびただしい女性遍歴の末、たどり着いたひとつの純愛、そして別れ――。脳梗塞に襲われたのはその直後だった。

「……もう、あんな女はいないね。文藝春秋が『私の死亡記事』って企画をして、書いたことがあった。腹上死するって。みんなそうだと思ったら、僕だけだった。それにしても日本男児、どうなってるの。銀座のクラブで口説こうともしない。蛍の光が流れて、ハイ、さよなら。情けない」。で、歌舞伎町のキャバクラへ転戦とあいなった。フーテン老人が不夜城のネオンの海を行く。まさに一期は夢よ、ただ狂え――。そして胸元のはだけたキャバ嬢に囲まれまた飲みだした。焼酎のボトルに刻んであった。

〈さくらちゃん！　ありがとう　いつまでも忘れない〉

◇団鬼六（だん・おにろく）

一九三一年、滋賀県生まれ。関西学院大卒。ポルノ雑誌『奇譚クラブ』に連載された「花と蛇」で官能小説の第一人者に。「鬼プロ」を立ち上げ、ピンク映画やSM写真集の出版なども手掛けた。一九八九年に一時断筆。将棋アマ六段の腕前。一九九五年に『真剣師　小池重明』で復筆。以後『枯木に花が』（バジリコ、二〇〇七年）、『地獄花』（祥伝社、二〇〇八年）などを発表。二〇一一年死去。

第51夜　大虎【京橋二丁目】

叶姉妹が焼き鳥屋？

（二〇〇八年五月二七日）

あの叶姉妹が焼き鳥屋をやってるらしい？　読者から耳寄り情報が届いた。それも銀座のはずれで！　かつて乃木坂のバーでインタビューして、彼女らの虚実ない混ぜの語りにぽかんとしたことを思い出した。

で、今夜は地下鉄銀座線京橋駅からすぐ、京橋二丁目の路地角にある「**大虎**」へ。ゴージャスなブランドショップまがいかと思いきや、いたってすがれた感じのたたずまい。〈素通りは風にもさせぬ柳かな〉。しゃれた句を染め抜いたのれんをくぐれば、割烹着《かっぽうぎ》に三角巾《きん》姿のおばちゃん姉妹。「ブスでご免ね。見てちょうだい。私なんて女小錦よ」。お姉さんが笑う。

いえいえ、叶姉妹とうわさされるのも、かれこれ半世紀、ここの焼き鳥が左党を喜ばせてきた証し。かいわいは一流企業や画廊がひしめく。壁のカレンダーでもわかる。正肉、砂肝、皮、ごんぼ（ぼんじり）、たたき（つくね）、うずら卵の六種のみ。仕入れは築地の老舗「鳥藤」から。お姉さんが焼き、妹さんが錫《すず》のチロリで伏見の銘酒「富翁」を燗《かん》つけし、箸休めのダイコンをしゅっしゅっ。

豪快なお姉さん、しっとり妹さん、二人の昭和風味満点の漫才っぽいおしゃべりをBGMに、コップ酒をやる。古びた焼き鳥の説明書きに〈強精力食〉〈栄養の即効食〉なる文字。時代だなあ。品書きにはないけれど、常連が必ず頼むキュウリのぬか漬けもいい。冬なら、締めは鶏スープで決まり。それにしても、これほどゆったりする焼き鳥屋を居酒屋バカは知らない。

ゴールデンウイークにニューカレドニアへ旅をしたとかで、記念写真を見せてくれた。青い海を背にして美女がたたずむ。その派手な水着とゴージャスな肢体にどきっ、砂肝を落としそうになった。「ハハハ、それ、私よ」とお姉さん。叶姉妹のうわさ、まんざらウソじゃない。

第52夜 BERG【新宿駅東口】

七〇年代の余熱、消さないで

（二〇〇八年六月三日）

田舎者、おまけに方向音痴ときているから、巨大な迷路と化した東京のターミナル駅でいつも迷ってしまう。歩いて、歩いて、外に出てみたら、あれ〜、反対だったなんてことがしばしば。こんな駅に誰がした！

で、今夜はJR新宿駅東口の改札から一五秒の「BERG《ベルク》」へ。さすがに迷子の心配なし。オープンは新宿が熱かった一九七〇年、ビア&カフェ、駅パブなんてしゃれた呼び名もあるらしいけど、居酒屋バカは、赤ちょうちん、と断じたい。くたくた、横丁まで間にあわないぞ、てなときも、やさしい顔して待っていてくれる。ひとりなら壁ぎわの立ち飲みで。

ぷはーっ、ちょっと奮発した樽《たる》ギネスのひと口で生き返る。つまみは手づくりソーセージいろいろ。フライッシュ・ブルストなるぶっとい一本がいける。粒マスタードをたっぷりつけてがぶり、肉汁をほろ苦ビールで流し込む。腹具合と相談し、レバー・ハーブ・パテ、ジャーマン・ポテト・サラダ、それに大麦と牛肉の野菜スープでしめる。

隅っこの棚に写真集『日計《ひばか》り』（新宿書房、二〇〇四年）を見つけた。BERGを先代から引き継ぎ、パートナーと切り盛りする迫川尚子さんが撮ったわが町あれこれ、ホームレスのおっちゃんの顔がいい。新宿って？「抜き差しならない相手。ただ、この人間のルツボに可能性を感じてきたの」。ここは七〇年代の余熱が残っている。

ところで、この止まり木がいま、家主の駅ビル会社から立ち退きを勧告されているらしい。ビルのイメージにそぐわないとかで。コラムニストの中森明夫さんが『週刊朝日』で怒っていた。〈私の人生の大切な一部が奪われてしまう。かつて福田恆存《つねあり》は「守るべき日本とは何か?」と問われ「行きつけの蕎麦《そば》屋だ」と喝破したそうな〉。同感。新宿らしい新宿をなくしてなんの新宿駅ぞ！

第53夜　喰太郎【東大阪】

ディープな参鶏湯

（二〇〇八年六月二四日）

あ〜、疲れた。早くも夏バテ？　そういえば、定期健診の結果が届いていたなあ。まあ、どうせＳＯＳの数値に決まっている。ちょっとお休みになって、なんていたわりの言葉が添えられている、わけないか。で、今夜は関西出張のついで、自力更生スピリットで乗り切ろう、と東大阪は近鉄布施駅から南へぶらぶら、関東煮《かんとだき》屋の角を入った「喰太《くうた》郎《ろう》」へ。のれんに赤く〈参鶏《サムゲ》湯《タン》〉、電光看板は〈強精、不老長寿、肉体疲労〉の頼もしさ。ここは韓国伝統の参鶏湯で一杯やれるスタミナ酒場。韓流ブームのはるか以前、七〇年代から、本場よりうまい、と評判を呼んできた。

とにかく豪快。土鍋（おひとり様用じゃない！）にあふれ出んばかりの若鶏がまるごと一羽どーん。ソウルで老舗の味をあれこれ試したけれど、これほどのボリュームに出合ったためしがない。さすがディープ大阪。煮込みに煮込んだ鶏肉はほろほろになってなお歯ごたえ、コクもある。「うちは名古屋コーチン。高麗人参《にんじん》もでっかいで」。歌手の羅勲児《ナフナ》が大好きな在日のパワフルおばちゃんは自慢げ。

マッコリを飲み、ほぐした鶏肉をつまみ、高麗人参をがぶり、そして塩コショウで調えた濃厚スープをひと口、ふた口。汗が噴き出し、体の芯からエネルギーがわいてくる。手づくりの珍しいキャベツのキムチもいい。居酒屋バカはこれも目当てでね。「手抜きは嫌やから、一日一〇羽くらいしかできんのよ」。そうこうしていると、常連が「まだある?」と聞いていく。

最後の一滴までスープを飲み干した。本場よりうまい、の看板に偽りなし。自家製の人参酒もある。夫は元ボクサー、息子も隣のジムで汗を流す。おばちゃんの愛情たっぷりの参鶏湯パワーが家族を支えてきたんだろうな、きっと。「大阪下町参鶏湯物語」、また聞かしてや。

第54夜　よあけ【大阪・鶴橋】

エイ肝とろり、陶然

（二〇〇八年七月一日）

居酒屋バカ、呑んだくれ人生のスタートは大阪・鶴橋であった。母校の大阪外大朝鮮語学科（なんたるざまぞ、旧帝大に統合されるとは！）の新歓コンパがここ、ホルモンにたまげながら、焼酎とマッコリを浴びた。あれからもう三〇年。

で、今夜はJR大阪環状線鶴橋駅すぐの**「よあけ」**へ。ご存じ、煙モウモウの焼肉タウン、チマ・チョゴリの原色、キムチのにおい、リトル・ソウルのはずれにお地蔵さま、そして赤ちょうちん。〈酒、ビール、めし、おかず〉。でっぷりの文字がそそられる。戦後は闇市時代から半世紀以上、市場のおっちゃんらの胃袋を幸せにしてきた。

まずはビールでのどを潤し、珍味のエイ肝から。エイを発酵させたホンオフェは韓国の左党のよき友なれど、その生レバーまではお目にかかれない。それがある。ごま油をつけ、とろりとした舌触りと濃厚な味にしばし陶然。大皿料理をいくつか平らげ、名物イワシ汁を頼む。和風のつみれ汁にあらず、見るからに新鮮な小イワシが丸ごと入った澄んだスープ、青唐辛子でぴりりっとさせている。

メニューはなんでもござれ。〈「こんなんできるか？」と聞いて下さい〉。さりげない張り紙に二代目ご主人の腕がうかがえる。見れば、スターらしき記念写真、えっ！　ジュリー？　「ハイ、沢田研二さん。去年ですか、桂春団治の芝居で大阪にこられたとき、足を運んでいただいて」。ナス炒めをぺろり、エイ肝もつまんだらしい。道理で近ごろ、貫禄出てきたよなあ。

さっきから、カウンターの隅で、じゃりんこチエみたいなお嬢さん、お母さんにしかられている。「勉強しなさい！」「お父さんはどうやったん？」「お父さんは日本一おいしいもんつくらはるんや！」。ぽかぽか日だまり酒場で、ほろ酔いの常連客らはみな目を細めるのだった。

第55夜　まつや【神楽坂】

秘密基地の伝声管

（二〇〇八年七月八日）

東京から横丁が消えていく。池袋の人世《じんせい》横丁も風前のともしびらしい。ゆゆしき事態だ。陰影をたたえた横丁こそ日本の誇り、道路族ならぬ横丁族を自任する居酒屋バカはそう思うね。

で、今夜はたっぷり横丁に抱かれたくて、JR、地下鉄各線飯田橋駅から神楽坂を神楽小路に入った中ほど、みちくさ横丁の**「まつや」**へ。粋な花街ゆえ、ひょっこり色っぽい姐《ねえ》さんがなんてことはない。いいあんばいに取り残された細い路地に赤ちょうちんの灯が揺れる。のれんをかきわければ、四人が座れるカウンター、わきに水槽がある。

季節の魚を食わせてくれる。横丁値段だから心配なし。秋から冬にかけてはウマヅラハギ。肝あえがたまらない。「今日はフッコだね。うまいよ」。出世魚スズキになる前のやつ。昭和ヒトケタ生まれ、頑固なご主人の包丁さばきをビールを飲みながら眺めているだけでうれしくなる。卵焼きもいけるし、箸休めの葉山椒《はざんしょう》のしょうゆ煮もいい。

ちょっとびっくりするのは二階、急な階段を手すりを頼りに上がれば、卓袱《ちゃぶ》台のある昭和の茶の間そのまんま。「秘密基地なんですよ」。林家たい平さんも大のお気に入り。「これぞ隠れ家って感じ。男って好きなんですよ。落語に出てくる居候の雰囲気も味わえるし」。大人の遊び心をくすぐるのは、にょっきり突き出た伝声管。なんでもない塩ビのパイプである。「あれで、ビール一本！　って注文するのが楽しくて」

その通り、いたずら少年時代に戻ってカウンターでやっていると、ご主人のそばのパイプの口から肉声がすとんと落ちてくるのがわかる。ほろ酔いの耳にも心地いい。「いまはボタンを押して注文したりするでしょ。味気なくて。あまりにおもしろいから、つい何度もパイプに向かって叫んじゃう」。横丁あっての秘密基地である。

❖人世横丁は二〇〇八年一〇月でなくなった

呑んべえ列伝⑪　佐々木久子さん（随筆家）

お酒は心をつぐもの、幸田露伴は言った

（二〇〇四年一月二二日）

成人式は相変わらず酒を飲んでの大騒ぎだった。いや、近ごろ、ちまたの赤ちょうちんも、うるさいばかりで、しみじみ酒を味わえない。雑誌『酒』の元編集長で随筆家の佐々木久子さんは「日本人は酒の飲み方を知らなくなった。酒文化よ、どこへ」と嘆いておられる。

心込めてお燗したお酒をついであげてください

――いまや成人式は酔っ払ってバカ騒ぎの場になりました

◆ひどいわね。お酒は礼に始まって礼に終わるもの。成人式なんかで暴れるのは日本人が正月におとそをくむ風習を放棄したのとつながってるんじゃないの？　かつて

正月といえば、お節を並べ、お父さんが上座に座って、みんなにお酒をつぎ、あいさつした。一年のけじめのお酒を飲ませたものだけどね。
そもそも彼らの親だって怪しいものね。お父さんの威厳がまるでない。若い夫婦はわが子に酒なんてもってのほか、勉強しろ勉強しろでしょ。私の父は大工でしたが、晴れ着を着る日は、私たちのおぜんにもお銚子をつけてくれ、お酒のイロハをきっちり仕込んでくれました。お酒との出合いは家庭だったんです。

——うーん、アタマが痛い

◆もっと言わせてもらいますよ（笑）。ある大学で酒の飲み方を講義したことがありますが、いまどきの学生はお銚子や杯も知らない。そりゃ、そうかもしれない。だってお父さんは晩酌をしないし、家庭からお銚子や杯が消えてしまった。もちろん使ったこともない。冷蔵庫にビールが冷えているだけ。
彼らの世代にとって飲みものは、小さいころから、ペットボトルや缶に入っている。いつでもどこでも、のどが渇けば、ゴクゴク。缶ビールもそのまま口にして平気でいられる。せめてグラスにつぎなさい！　ってハラも立つけど、お銚子と杯が消えて、そういう日本人のごく普通の美意識も消えてしまった。

——エッセーにあった「酒徳」という言葉にひかれました

◆池波正太郎先生がおっしゃっていました。名言でしょ。お酒というものは人間の考えだしたすばらしい芸術品、その本質は酔うことですよ。酒量をひけらかしたり、威張ったり、女の子に触ったり、飲めない人に無理強いしたり、そんなのは品性の下劣。お酒を飲むとは、その功徳を味わうことなのです。

先生とご一緒しますとね、カウンターに座って、板前さんに声をかける。「今日は何がうまいんだい。アジかい。焼くのかい、たたきかい」。で、その料理がくるまで、じっと待つ。料理をひと口味わって「包丁が切れてるね」なんて言われてから、ゆっくり杯を傾ける。実に品のある、いいお酒でしたよ。

——われらサラリーマンじゃそんな上品にはいきませんな。とりあえずビール！ですから

◆いえいえ。日本の酒文化が滅んだきっかけは「社用族」ですよ。お酒は身銭を切

って飲むものだということを忘れてしまった。大企業のサラリーマンが会社のカネでじゃぶじゃぶ飲んだ。銀座もむちゃくちゃになった。それがこの不況、みんなしみったれになって、後輩をお酒で磨く先輩がいなくなった。で、最近、いい男の顔を見ない。お酒がもたらす人生の機微を知らないんですね。会社人間になれとは言わないけど、どんどん飲まなくちゃ。お酒で上司の善も悪もわかるし、酒縁で思いがけない人の輪も広がる。永田町から清濁併せのむ大物政治家がいなくなったのも酒の飲み方に問題ありじゃないの？

——いい居酒屋も減りました

◆そう。メニューばかりやたら多くて、主役であるべきお酒は脇役で。私はお燗したお酒が大好きなんですが、最近じゃ、板前さんですら、ぬる燗、それ何？　って言われたりする。見れば、電気で温める自動お燗機がデンと置いてある。一升瓶がひっくり返っているやつね。あれ、まずいんですよ。

お燗がうれしく、おいしいのは、やさしい心遣いが見えることです。ぐらぐらゆだった鉄瓶にお銚子をつけると、みるみるお銚子の口にお酒が盛り上がってきて、お米の命がよみがえってくる。結局、手間をかけるのが嫌なんですよ。ウイスキーの「水割り文化」と同じ手軽な感覚にしようとしたんですね。

――なるほど。こよい、日本酒を一杯、やりたくなりました

◆お酒は知れば知るほど深いもの。その深みにどう引き込まれ、どう踏みとどまるか。そこが面白い。泣きだしたいほど感動した言葉があります。〈お酒は心をつぐもの〉。こよなくお酒を愛された明治の文豪、幸田露伴先生の言葉です。

どうでしょう？　居酒屋のマスターでも、家庭の奥さんでも、お酒をつぐときに思い出してもらえたら。「お疲れさま」「ありがとう」と声に出さずとも、心を込め、ころあいにお燗したお酒をついであげてくだされば……。

◇佐々木久子（ささき・ひさこ）
広島県生まれ。五五年から趣味の雑誌『酒』の編集長として全国の地酒を発掘、「文壇酒徒番付」などユニークな企画で話題を呼ぶ。九七年に休刊後は主に随筆を書き、講

演に走る。俳号は柳女。師匠は故暉峻康隆さん。著書は『今宵も美酒を』（有楽出版社、二〇〇三年）、『わたしの放浪記』（法蔵館、一九九五年）など。二〇〇八年六月二八日、永眠。

第56夜　竹よし【都立家政】

キャプテンと酒場浴

（二〇〇八年七月二二日）

浜田信郎さんのブログ「居酒屋礼賛」を愛読している。大手造船会社のまじめなエンジニアにして、赤ちょうちん航海を続ける酔いどれ船のキャプテン。その楽しみを伝授する『ひとり呑《の》み　大衆酒場の楽しみ』（WAVE出版、二〇〇八年）が居酒屋バカにも届いた。

で、今夜は浜田キャプテンに水先案内を願い、西武新宿線都立家政駅からすぐの**「竹よし」**へ。灯台よろしくひっそりした住宅街に灯がともる。一〇人ちょっとでいっぱい。キャプテンいわく。「とにかく魚がおいしいんです」。品書きを見て納得。イカの塩辛が〈初日〉〈四日目〉の二つもある。集うのは浪花の老舗料理屋で修業したご主人の腕にほれた魚好きばかり。

えっ、ノドグロが？　迷わずもらった。めったにお目にかかれない「白身のトロ」。一匹丸ごと、片身を刺し身、片身を塩焼きでいただく。どちらも品ある脂がたっぷり口中に広がり、言葉を失った。地酒もそろっていて、しばし日本海あたりのひなびた土地にいる気分になる。「温泉につかるようにくつろぐ。これが酒場浴なんですよ」。キャプテン、粋なことを言う。

商売繁盛を願ってか、壁にえびすの面、見れば、ご主人も、キャプテンまでもえびす顔。よーし、とことんいきますか！　ハモの落とし、アジのなめろうも頼めば、お銚子はどんどん空になっていく。あ〜、極楽じゃ、極楽じゃ。そろそろ温泉から出なきゃと思ったとたん、ご主人がアラを使った極上ノドグロ鍋を出してくれた。常連さんとわけあって、酒場浴を堪能。

それにしてもよく飲みますなあ、と同い年である互いの健闘をたたえあい、あれこれ酔っぱらい談議は深夜に及んだ。おもしろかったのは二人して地方の「切手少年」だったこと。「見返り美人」や「月に雁《かり》」、欲しかったなあ、と酔眼輝かせて。時は流れ、いまや「居酒屋中年」。

第57夜　魚三酒場【門前仲町】

あかね空の送別会

（二〇〇八年八月五日）

タクシーに乗れば、ナビに打ち込みますから、と言われる時代、あ〜やんなっちゃった（©牧伸二さん）と驚いてたら、新聞記者までナビらしい。送別会の幹事をおおせつかった記者、迷わずネットで検索しだす。おい、足で探せよ、足で。で、今夜は同僚を居酒屋バカ流に送り出そう、と地下鉄東西線門前仲町からすぐ、永代通り沿いの「魚三酒場」へ。明治三八（一九〇五）年に魚屋として創業、酒場は半世紀になる。その風格漂うのれんにひかれ、夕刻には長蛇の列、いつのぞいてもWのコの字カウンターはびっしり。でも、三、四階にとっておきの広々した座敷があることは知る人ぞ知る。

宴席となれば、おまかせコースのみ。奮発して最上ランクの五〇〇〇円コース（酒別）にした。のっけから、大皿の刺し身の盛り合わせにみな仰天。マグロもタイも分厚いし、ウニは箱ごと、伊勢エビもカニもどっさり。「安い！」。値上げ、値上げ、ちまたの悲鳴がウソのよう。揚げたてのエビフライが、これまた山盛り。マヨネーズありますって聞いたら、おばさんがぴしゃり。「ないね。ソースかけな」。ちょっと無愛想なところも下町の味。

みこしがどうの、ハッピがどうの、さっきから地元のおやじさんたちが盛り上がっている。そうか、この夏は三年に一度の深川は八幡さまの本祭り。待ちきれずに酒も進むわけである。いい顔だなあ。こちらも負けちゃいられねえ。はなむけの言葉のボリュームを大にして「頑張れよ！」と絶叫調を続けていたら、誰かが窓の外を指した。

「見て見て！　きれいな夕焼け」

すぐさま山本一力さんの時代小説「あかね空」が思い浮かんだ。〈深川蛤町の裏店《うらだな》が、宝暦十二（一七六二）年八月の残暑に茹《う》だっていた〉。すてきな書き出しだった。偶然、目にしたあかね空、ナビじゃ見つかりませんぜ。

第58夜　天すけ【高円寺】

純情裏通りに銀座の味

（二〇〇八年八月一二日）

「かっこいいなあ」。地方紙を舞台にした映画「クライマーズ・ハイ」を見てきた若い記者が興奮気味である。社内のしがらみと戦い、紙面づくりに邁進する堤真一演じる職人肌デスクのこと。ロートルの居酒屋バカは冷めた目を返してしまった。「いるかね」

で、今夜はJR中央線高円寺駅北口からすぐ、純情商店街の手前を裏通りに入った**「天すけ」**へ。察しの通り、れっきとした天ぷら屋である。でも、そこは生活臭ぷんぷんの町、ラーメン屋かと見まごう構え、敷居の低さったらありゃしない。まさに赤ちょうちん感覚、熱々、サクサクの天ぷらで飲める、と聞いた。

ほのかなごま油の香りに包まれ、白木のカウンターで冷えた瓶ビールをコップにそそぐ。のどを潤しながらの品定め。エビ、キス、メゴチからいくか。「ありがとうございます」。ご主人はさっと衣をからめ、小気味よく揚げていく。その姿がいい。能書きなし。衣の花が咲けば、笑顔の花も咲く。「銀座にひけをとらないね」。隣にいた貫禄満点の食通おやじが言った。

それもそのはず、ご主人は銀座の老舗天ぷら屋で腕を磨いた。政治家や芸能人も通ったとか。「ええ、まだバブルのころ、接待も多くて。ここはご自分のサイフですから」。むろん手は抜かない。「体調がよくないといい天ぷらは揚がらないんです」。コツは、と問えば、自己管理、と。分厚く切ったイモのほくほくをつまみ、締めは素揚げした半熟卵をご飯に乗せ、甘辛ダレで。ビールがうまい。

虚実ないまぜの銀座を離れて二二年目の夏である。ご主人の手さばきを見ていたら、職人のプライドが伝わってきて、しみじみしてくる。ほろ酔いの頭に「クライマーズ・ハイ」のせりふがよみがえる。「チェック、ダブルチェック」。新聞記者も職人であらねば。柄にもなく思った。

呑んべえ列伝⑫　福富太郎さん（キャバレー経営者）

キャバレーは大人の社交場――夜くらい、ぱーっと

（二〇〇八年七月一九日）

すっとんきょうな音がフロアに鳴り響いた。♪月がぁーでたでぇたぁー月がぁー出たぁー……。「炭坑節」？　ほろ酔いの福富太郎さん、浴衣姿もあでやかなホステスさんと踊りだした。テカテカ、まん丸えびす顔にミラーボールから光のくずが降り注ぐ。

やってきたのは東京都足立区、老舗キャバレー「北千住ハリウッド」。キャバレー人生も半世紀になろうとしているとか、聞かせてもらいましょう、その思い、と申し込めば――。「僕、今年七七になるの。どうせなら、七夕の夜七時においでくださいな。七並びで縁起いいじゃない、ハハハ」。で、初体験の記者も連れ、お邪魔した。

「ま、景気づけですよ。石炭全盛のころ、昭和二〇年代後半かなあ。客もホステスも

総出で踊り、わき返ったものですよ。いまの日本は調子よくないやね、なら、せめて夜くらい、大いに飲んで、ぱーっといこうじゃないのって。阿波踊りも考えたけど、あれなかなか難しいらしくてね。炭坑節は割に簡単なんだ。押して、押して、開いて、チョチョンガチョン……だから」

あっちも、こっちも、キャバクラみたいにきゃぴきゃぴしちゃいない。テレビのバラエティーよろしく、おばかキャラでゲラゲラなんてこともない。踊り場に張り紙があった。〈ビキニスタイル〉。ん？　「話題の泉です。ホステスはお客さんとの会話につまっちゃ困るでしょ。ビはビジネスのビ、キは気候のキ、ニはニュースのニ、スはスポーツのス、タは食べ物のタ、イは色気のイ、ルはルック（容姿）のル。これをヒントにしてしゃべればばってわけで」

いや、そんな虎の巻なんて必要ない、どのボックス席もいいムード。しっとりお姉さんとしっぽり飲んで、語りは尽きない。興が乗れば、生バンドでチーク、それがせめてもの熱いひととき。ああ、それなのに――。高度成長の真っただ中、一九六四年、銀座に延べ床面積一〇〇〇坪、在籍ホステス八〇〇人を抱えた大箱キャバレーをオープンさせ、「キャバレー太郎」の異名をとった時代は遠い昔。

「ハイ、キャバレー文化は衰微していくばかりで。寂しいですよ。これぞ、健全な大人の社交場だと思うんだけどね。ピンクサロンなんかどんどんできちゃって。エロが強くてさ。ボクシングもそうなんだけど、昔は殴り合うだけでシンプルに勝負してた。それが格闘技だかなんだか、けるのもあり、寝技もありになってね。キャバレーはあくまでボクシング、リングの上のルール、つまり遊びのルールを守ってこそ、大人なの」

人生は不思議である。敗戦は中学二年の夏だった。すべての価値観が一夜にしてひっくり返った。学校の農園のイモを掘り出し、焼け跡で見つけた鍋でイモあんにして売ったら、大当たり。根っから商才があるらしい。新橋のパン屋が新聞で求人広告を出していた。こりゃ、いい、と駆けつけると、ひと足遅れ、そのまま銀座をぶらぶら。そこで喫茶店の「カウンター・ボーイ募集」のビラにひかれ、あとは一期一会の繰り返し。

さっきから両手に花の太郎さん、赤ワインをぐいっと飲み干した。「永井荷風にあこがれてるんです。小説『つゆのあとさき』の君江のような日陰の女性が好みでね。そんな女性と一緒に仕事するのが楽しくて」。失敗もある。この一年のこと。千葉県柏市に新規店舗を出したものの、わずかひと月でたたんだ。「さっぱり入らなくてね。女房が一刻も早くやめなさい、そしたら尊敬するよって。じゃあ、とその日にやめちまった。僕も年とったよ」。キャバレー太郎、ちょっと苦笑い。

見れば、ステージわきの大きなベティーちゃん人形に赤ら顔の太郎さんたら、ちゅっちゅちゅっちゅっちゅとキスしている。「鼻ぺちゃの女の子って、かわいいんだ」。これにはみんな大爆笑。そしてのたまった。「わがキャバレー人生に悔いはなし！」。日本のハリウッドを舞台にもうひと夢売るらしい。

◇福富太郎（ふくとみ・たろう）
一九三一年、東京生まれ。二六歳で独立しキャバレーを開店。「ハリウッド」チェーンを展開。浮世絵や日本画、洋画のコレクターとしても知られる。著書に『昭和キャバレー秘史』（文春文庫ＰＬＵＳ、二〇〇四年）など。

第59夜　六ちゃん【日本橋浜町】

夢に出てくるつくね

（二〇〇八年一一月四日）

題名にひかれて刊行中の全集日本の歴史九巻『「鎖国」という外交』（小学館、二〇〇八年）を読んだ。著者は日本通で知られるイリノイ大教授のロナルド・トビさん。居酒屋バカにとって、目からウロコの本文にも増して大収穫だったのが月報。なんと焼き鳥屋を語っている！

で、今夜は日本橋浜町の**「六ちゃん」**へ。都営新宿線馬喰横山駅から少し歩いた清洲橋通り沿い。自称「渡り鳥」のトビさんが、変わり果てた東京で唯一、昭和のにおいをかぎ、心なごませるオアシスらしい。靴を脱ぎ、カウンター席に足を伸ばせば、なるほど、タイムスリップする。背中合わせの居間風座敷もいい。

〈アメリカにいると、「ろくちゃん」のつくねが夢に出てくるほど〉。トビさんが絶賛していたつくねをもらう。ごろんごろん、威風堂々とした、これぞジャパニーズ・ハンバーグ。たれで煮込んだあと、さっと焼いてある。焼酎の水割りを飲み、絶品のキュウリのぬか漬けで箸休め。そしてまたごろんごろん。たっぷりのサラダもうれしい。田中角栄ら歴代首相の色紙が壁を埋めている。おかみさんに聞けば、亡くなったご主人、ただものじゃなかったみたい。「ヘンにずうずうしくてね。総理大臣にも敬語を使わない。人間、みんな一緒だろって」。あるとき、佐藤栄作が料亭に焼き鳥をすぐ届けるよう頼んだ。ご主人、怒った。「店で焼きたてがおいしいんだ！」。しばらくして首相は車でやってきたという。

ひばり御殿の中庭で、歌姫と一緒に撮った写真もある。「誕生日に呼ばれては出前の焼き鳥パーティーをしていました」。昭和の秘話まで、ごろんごろん。「ところで、いつ巣に戻ってこられるかしらね、トビさん」。おかみさん、首を長くしている。ぜひ、飲みたいなあ。ちなみにトビさん、司馬遼太郎さん最後の対談相手だった。

第60夜　金寿司【浅草】

愛すべきガタピシ

（二〇〇八年一一月一二日）

浅草は居酒屋である。居心地のいい町そのものが大衆酒場だなあと感じることしばしば。そうそう、かの松下幸之助さん寄贈の雷門にでっかい赤ちょうちんがぶら下がってもいるし。

で、今夜はその赤ちょうちんからすぐ、裏通り角の「金寿司」へ。居酒屋バカ好みのじっくり飲めるすし屋である。〈「今日の、いちばん、うまいものを出してくれ」と、いうと、たとえば鮑《あわび》なんかブツブツと切ってくれる。そのうまいこと、安いこと、うれしくてたまらなくなってくるのだ〉。べたほめしたのは池波正太郎さん（「散歩のとき何か食べたくなって」）。

ガタピシのガラス戸を開け、つけ台の前に座る。すしを握るのは池波さんごひいきのおかみさん。鬼平よろしく「うまいものを」と格好つけたら、百年早いよみたいな顔しながらも、次から次へ珍味のオンパレード。「いいのはネタケースに並べないの」。まずはホッキ貝、片面をさっとあぶって。ほんのりピンク、甘みを引き立てる塩加減。熱燗《あつかん》を二合徳利でもらう。

赤貝の肝に陶然とし、アナゴの肝に仰天する。箸休めはシャコのツメに海ブドウ。築地の仲卸さんもタジタジの季節感あふれるコメントが楽しい。そして、とっておきの思い出がつまみに加わる。「池波さん、一〇年くらい通っていただいたかしら。たまに吉行淳之介さんや山口瞳さんも連れ立って」。へえー、そんなメンツなら、さぞかし珍味な話題で盛り上がったんだろうなあ。徳利は空っぽ。

浅草散歩帰りのご夫婦がふらりと立ち寄った。どうやら常連らしい。「うまいものを」。鬼平気取りもさまになっている。「いつまでこのオンボロすし屋、続けられるかねえ」。おかみさんは不安を口にするけれど、常連はガタピシのガラス戸を愛している。その証拠にみんなずいぶん長尻なんだから。

第61夜　鳥晴【荻窪】

磁力の中心に鳥刺しあり

（二〇〇八年一二月九日）

とびっきりのつまみでほろ酔えば、たいていの相手は心を開く！　居酒屋バカ、後輩記者たちに行きつけの酒場を持て、と説教を垂れてきた。ゆえにこのコラムが悩ましい。いつも「紹介したい」「教えたくない」のせめぎ合いだから。

で、今夜はJR中央線荻窪駅西口を線路沿いに歩いて、とんとん階段を下りた「**鳥晴**」へ。そろそろ半世紀になる焼き鳥ならぬ鳥料理屋。その鮮度のよさは東京随一である。のれんをくぐってかれこれ一五年、お連れする政治家ら客人の舌は喜び、秘話ぺらぺら？　宣伝らしい宣伝はせぬのに味の磁力がカウンター、小上がりをぎっしりにする。

その磁力の中心は刺し身にある。ご主人がにやっとしたら、わけても最高の鶏肉が入ったシグナル。氷の上に三つ葉のいかだ、そこに盛られたピンク色したぶつ切りに下ろしたて生わさび。それこそ芸術品をつまみ、三年通わないとキープ不可能のオリジナル焼酎の水割りを飲む。そうこうしていると、唐揚げが。秘伝のみそだれをつければ、これまた類のない味わい。

ある民主党国会議員と飲んでいた。「自民党も自民党だけど、民主党も民主党でね」。そこへなじみの永田町の占師。「大乱の兆しあり」。つくね、レバー焼きまでぺろっと平らげ、ドロドロ政界裏の裏の総まくり。すると、荻窪の頑固おやじで通る木曾福島生まれのご主人、占師にくぎを刺す。「あんまりいいかげんなこと言っちゃだめ！」

さて、そんなご主人、奥さんと山歩きを楽しんでいる。水割りに使う水は霧ヶ峰までくみに行く。先日、夫婦湯のみをプレゼントしてくれた。「日本百名山」を二三年がかりで踏破したらしい。常連の拍手に顔を赤らめた。添えられていた手紙にあった。〈これからも、どうぞよろしくお願いします〉。締めのスープがうまいのなんの。

第62夜　埼玉屋【東十条】

モツ焼きロックンロール

（二〇〇九年一月一三日）

たまに新宿あたりのバーでお見かけする姿はあくまでダンディー、その現代のバッカスが場末の酒場めぐりに凝っているらしい。島田雅彦さんが新著『酒道入門』（角川oneテーマ21、二〇〇八年）で明かしている。居酒屋バカ、親近感がわいたね。

で、今夜はJR京浜東北線東十条駅南口から五分の「**埼玉屋**」へ。文壇きっての酒上手がモツ焼きミシュランの三つ星、とよだれを垂らしたところ。昭和二九（一九五四）年創業、額に入ったボロボロののれんが年季を感じさせるものの、いたって清潔なたたずまい。テーブルはあれど、焼き台を囲むカウンターに座れば幸先よし。二代目大将のオンステージの幕が開く。

そのモツ焼きの伝道師（©島田雅彦さん）に任せておけばまず間違いない。レバはさっとあぶって表面のみをかりかり仕上げ、運がよければ貴重な白レバも供される。まるでフォアグラ。続くシロ（小腸）はとろける。箸休めにクレソンとダイコンのサラダでさっぱりさせ、そしてとどめを刺すのがチレ（脾臓《ひぞう》）。にんにくバターをのせたら、あら不思議、エスカルゴに変身。

「うちは本物しか出さないよ」。大将の心意気がびんびん伝わってくる。「世の中、おかしい。カネ、カネ、カネ……。そうじゃねえだろ」。どこか泉谷しげるさんをほうふつとさせる、これぞ、モツ焼きロックンロール！　見れば、誰もかれもがいい顔して酎ハイを飲んでいる。シャーベット状の焼酎がベースだから、最後まで薄まらない。生レモンもたっぷり。「よそさんじゃ三杯とってる量だよ」

米国に滞在中の島田バッカスに電話した。「赤ちょうちんはあっても、モツ焼きまではなくて。ふらふらニューヨークの十条を探してみたりするんですがね。やっぱり日本ほどの呑んべえ天国はありませんし」。ごくんとのどを鳴らす音が聞こえてきた。

第63夜　屋台【竹橋】

インキの香りであおり酒

（二〇〇九年一月二〇日）

われわれ新聞業界は冬の時代を迎えている。インターネットの普及など理由は数あれど、活字世代の居酒屋バカとしては寂しい限り。ああ、とため息をつきながらも、いまこそプロの記者たらん、と奮い立つ。

で、今夜はいささか楽屋落ちで失礼、地下鉄東西線竹橋駅の頭上、毎日新聞東京本社の入るパレスサイドビルわきの「屋台」へ。屋号はだれも知らない。かれこれ二〇年近く、呑んべえ記者のため、首都高の高架下ににわか赤ちょうちんの灯をともしてくれている。屋台とあなどるなかれ、トラックで、まるごと居酒屋がやってくる感じである。

一〇時過ぎあたりから、出稿を終えた記者が、どこぞで一杯ひっかけてきた記者が清酒ケースに腰を下ろしてはひと息つく。冷える体を石油ストーブと熱燗《あつかん》で温めながら、おやっさんの味を待つ。牛すじ煮、カルビ焼き、腹ペコなら大盛りチャーハンもお薦め。鬼デスクとケンカしてきたか、スクープを取ってきたか、飲みっぷりですぐわかる。

「クセのある記者が少なくなったよなあ」。おやっさんが物足りなそうな顔して、呑んだくれ記者列伝（あえて名を秘す）を語りだせば、古参記者から声が飛ぶ。「いた、いた！ むちゃくちゃなのが」。いつからか、近くの商社の女性社員らが目につきはじめた。なんでも都会の「異界」が楽しいとか。うわさを聞きつけて、先日、衛星デジタル放送BS・TBSの人気番組「吉田類の酒場放浪記」のロケもきた。

おやっさんの嘆く愛すべき記者の激減こそ、新聞ジャーナリズムの危機に違いない。忸怩《じくじ》たる思いで飲んでいると、そこへ刷り上がったばかりの早版が届く。インキの香りをかぎ、冷めた酒をあおる。時代遅れかなあ……。あったかい締めの田舎そばをすする。明日も書くか……。酔えば、高速を走るクルマの轟音《ごうおん》も応援歌でね。

第64夜　牛太郎【武蔵小山】

ホルモンヌとタケさん

（二〇〇九年二月三日）

〈ああ早く、私もオヤジになりたい〉。帯にそうあって手にした佐藤和歌子さんのエッセー風味のモツ焼きガイド『悶々《もんもん》ホルモン』（新潮社、二〇〇八年）。居酒屋バカは腑《ふ》に落ちぬ。うら若き乙女よ、何が悲しうて……。

で、今夜はホルモンヌこと、佐藤さんを誘って、お薦めの東急目黒線武蔵小山駅すぐの**「牛太郎」**へ。〈働く人の酒場〉なる看板に偽りなし、堂々たるのれんをくぐれば、半世紀にわたって汗臭い男の聖地であり続けてきた風格が漂う。安くてうまい、日の高いうちから飲めるとあってコの字カウンターはぎっしり、少し待つのは覚悟されたし。

モツ煮込み、モツ焼きはむろん、おーっと声を上げたのは名物とんちゃん。二代目ご主人いわく、筑豊の炭鉱労働者がパワーをつけるため、好んで食べたものがそのルーツとか。ガツやカシラを蒸し焼きにし、ニンニクのパンチを利かせたネギ、ごま、しょうゆのあわせだれをかける。ほどよい歯ごたえもたまらず、黒ホッピーがとまらない。

エッセーの冒頭にホルモンヌ、こんな自作詩を添えている。〈はらわた旨《うま》し秋の空　レバ刺し一皿七十円　家賃は七万八千円　原稿一枚四千円〉。そんなホルモン街道まっしぐら人生には伴走者がいた。中年男タケさん。会社を辞め、故郷に帰ると決めたとき、彼女は声をかける。「いいんじゃない、そういうところは信用してるよ」。煮込みにぱっぱっと七味をふる感じ。

そしてフリーの物書きである彼女が不安に襲われるとき、いつも頼りなげなタケさんがすーっと現れ、ホルモンで飲む。大いに笑えて、ちょっと切ない。このホルモンエッセー、川上弘美さんの「センセイの鞄」とはひと味違った恋愛小説の趣すらある。うふふ、と可愛く笑ったホルモンヌ、すっかりオヤジと化して飲んでいる。タケさんにも会いたくなった。

第65夜　百練・たつみ【四条河原町】

シンプル茶漬けに人生考察

（二〇〇九年二月一〇日）

京の都にバッキー井上なる男前がいるとは聞いていた。なんでも錦市場で漬物屋をやりながら、酒場をめぐるええコラムを書いて根強いファンがいるらしい。しかも居酒屋バカと同世代、酒場馬鹿《ばか》を自称！

で、今夜は裏寺町、四条河原町から少し入った**「百練」**へ。居酒屋であり、茶漬け屋であり、酒場ライター養成学校だというではないか。主人兼校長はむろんバッキー。すぐ隣にある老舗**「たつみ」**の粕汁《かすじる》で体を温めて駆けつけた。テキストでもある自著『行きがかりじょう』（百練文庫、ここでしか売っていない）がでーんと積み上げてある。

壁に張られた品書きも予習になる。ハムとマヨネーズ。〈何もしない、何も出来ない。マヨネーズがあればいい〉。サケ塩焼き。〈辛口のカマ。酒も恋しい、白ごはんも恋しい〉。添えられたコメントにくすぐられ、この二つをアテに伏見の酒を燗《かん》でやる。ほろ酔いとなったころ、ビール片手の校長、おもむろに語りだす。「レジュメも用意してますで」。真剣である。

「まずは〈な〉についての考察からです。泣く、嘆く、悩む、なまける、なぞる、なでる。ほら、全部〈な〉や。みんな〈な〉で生き、生かされてる。キーワードを知っといて」。うむ。そして核心へ。なぜ酒を飲みに行くのか？「お金も時間も愛も失う。頭も体も悪くなる。でも、それでバランスをとるんやないかなあ。大きな心のケガから回避してるのかもしれん」

酒場ライターは仮面ライダーに似とるなんてアホ話も交じれば、ときに涙もにじむ。そうそう、ここは茶漬け屋だった。とびきりのすぐきをつまんで、サケの身をほぐして、ご飯にほうじ茶たっぷりそそいで。「いまどきの茶漬けはだしを入れて上品すぎますわ。漬物も高いし。うちは昔ながらです」。バッキー校長、わかってるなあ。

第66夜　ゑびす【四ツ木】

おもろいなあ、コの字巡礼

（二〇〇九年二月一七日）

児玉隆也の名を目にするたびぐっとくる。かの田中角栄を恐れさせた「淋《さび》しき越山会の女王」をものしたルポライター。『下町酒場巡礼　もう一杯』（ちくま文庫、二〇〇一年）を読んでいたら、著者の大川渉さんも彼へのオマージュを語っていた。で、今夜は京成押上線四ツ木駅から一〇分の「ゑびす」へ。居酒屋バカと同い年ながら、酒場歩きの先輩である大川さんを誘い、中年二人、四ツ木マイロードをぶらぶら。「このあたりはかつてセルロイド工場の密集地でしてね。キューピー人形とかの。林芙美子も働いていたんですよ」。町ガイドにうなずいていたら、眼前に大のれん、幅七メートル（！）ある。

堂々たるコの字カウンターに陣取り、ハイボールで乾杯。野球帽の常連は缶入りトマトジュースを注ぎ、顔を赤く染めている。「野菜不足が補えるでしょ」。美人おかみ（いとおしの太田裕美さんそっくり）に言われては、弱い。二〇〇は超える圧巻の品書きからカワハギ刺しを選ぶ。都心で飲む気がしなくなる値段、しこしこ淡泊な身を肝つきポン酢でいただく幸せ。さっぱり生のり酢、ニンニクのきいた古漬けもいける。ちょっと濃いめのハイボールに酔い、いつしかつまみは児玉隆也である。大川さんが『一銭五厘たちの横丁』（岩波現代文庫、二〇〇〇年）を推せば、『市のある町の旅』（サンケイ新聞出版局、一九七三年）こそ、と返した。〈ズボンの尻を濡《ぬ》らしながら、おばあさんといっしょに座りこんでの聞き書き〉。「日本列島改造論」に埋もれつつあった地方の土のにおい、潮の香りがぷんぷんする。

児玉隆也はいつも言っていた。「人間て、おもろいなあ」。だから下町酒場巡礼もやめられない。「近くに東京一小さいコの字カウンターの酒場があるんだけど」。行こう！　行こう！　木綿のハンカチーフに見送られ、おもろい人間求めて、いざ。

第67夜　翁庵【神楽坂】

げそ天つまみ「おんな坂」

（二〇〇九年二月二四日）

辻和子さんをご存じだろうか？　かの田中角栄が愛した神楽坂芸者である。二月一三日、都内の病院でひっそり息を引き取った。享年八一。居酒屋バカ、角さんの実像、昭和の裏面史が聞きたくて、幾度か飲んだ。

で、今夜は辻さんの暮らした神楽坂、坂を上ってすぐの「翁庵《おきなあん》」へ。明治一七（一八八四）年創業の老舗そば屋にして普段づかいにうってつけの居酒屋である。のれんをくぐると、たいてい常連客の輪の中にいた。一四五センチ、きゃしゃな体を和服で包み、ころころ笑う。まるでアイドル。自伝『熱情』（講談社、二〇〇四年）を出版したときのインタビューもここでやった。

げそ天をつまみつつ、そば焼酎のそば湯割りを楽しむ。そう、辻さん、おちょぼ口ではおばっていたかと思うと、さっとしなをつくって「やっぱり私、日本酒いただくわ」。角さんのどこにほれた？　と問えば、ぽおっとほほを染めて「温かみ、心意気っていうのかしらね。顔とかじゃないんですよ、うふふ」。洋食屋に負けないカニクリームコロッケも好きだった。

ほろ酔えば、近くのスナックへおかみさんや常連客と繰り出し、マイクを握った。「これがないと声が出ないの」。酒でのどを湿して、熱唱するは「おんな坂」「女の酒」「明治一代女」。女の歌のオンパレード。♪お酒をください、ついでください……、杯を差し出され、おずおずお酌したのを覚えている。あまりの色っぽさにどきっとした。

今太閤ともてはやされながら、ロッキード事件で地に落ちた角さん。たたきにたたかれても、そっと支えた、その彼女を支えたのが歌だった。「演歌を地でいく人生だったけど、いつも可愛い笑顔でね。みんな彼女の歌が大好きで」。おかみさん、録音しておいたつややかな歌声を私家版のＣＤアルバムにし、常連客らが開く偲ぶ会で流すことにしている。

第68夜　やまや【芝浦】

オモニのバラック酒場

（二〇〇九年三月三日）

かの国での将軍さま万歳！　の熱狂と在日のつましい暮らし、平壌ウオッチャーとして心しているのは、その距離のこと。居酒屋バカは東京でホルモンをつつきつつ、いつも考え込む。

で、今夜は芝浦、高浜橋たもとの「やまや」へ。JR品川駅からタクシーでワンメーター、世界のソニー本社ビルの目と鼻の先にまさかのバラック建築、ここは終戦直後のホルモン屋のにおいそのままの大衆酒場である。川岸からにょっきり突き出た柱、柱、柱、かいわいはあたかもタイの水上家屋群のよう。ガラス戸から歌声が漏れてくる。

のれんをくぐれば、カウンターとテーブル三つ、案の定、常連たちはできあがっている。「うちじゃ、これよ」。たった一人で切り盛りする七一歳になるオモニ（お母さん）お勧めのセンマイ刺し、そのつややかな色と弾力、品のある甘みに驚く。「新鮮だから。でも血抜きをした翌日に限るわね」。ビールが進む。

品書きのネギサラダが気になった。「青ねぎを刻んで、ごま油、唐辛子、韓国のり、いろいろ入れてあえたものよ。教えてあげたってまねできないから」。山盛りネギのうまいこと、うまいこと、いくらでも飲める。「あえものはムッチムって言うのかしらね、ウリマル（朝鮮語）じゃ」。オモニはちょっと恥ずかしそうな顔をした。「祖国の言葉がわからなくてねぇ」

ふと思い出した。学生時代、作家の金達寿《キムダルス》さんにサインを求めたら、こう添えてくれた。〈言葉の中に民族がある《マルソゲミンジョギイッタ》〉。ウリマルを学ぶ時間が働きづめのオモニにはなかったのである。親族の多くは帰国船に乗ったとも。尽きぬ苦労は笑顔にくるんで、客の舌を喜ばせてきた。「辛いわよ」。仕上げは手づくりキムチに野菜たっぷりの納豆汁、絶品コリアンシチューでぽかぽか温まる。奇跡のバラック酒場、万歳！

第69夜　TAKADA no BAR【高田馬場】

「神田川」をもう一度

（二〇〇九年三月一〇日）

居酒屋バカ、夕日で涙がにじんだことがある。フォークの名曲「神田川」を作詞した喜多條忠さんと早大から神田川べりをぶらぶらしたとき。たまたま足を止めた源水橋で映画のワンシーンのようにあたりがあかね色に染まり、不覚にも。

で、今夜はJRなど各線高田馬場駅から一〇分、神田川沿い横町の「TAKADA《タカダ》 no《ノ》BAR《バル》」へ。誕生して一年ちょっとのスペイン風立ち飲み。喜多條さんが彼女と同棲《どうせい》していたアパートはすぐそばだった。七〇年代、せっけんカタカタ鳴らして風呂屋に通ったかいわい、いまや「裏馬場」と呼ばれ、個性派ショップが集まる。

一〇人そこそこでいっぱいになる。手描きタイルの張られたカウンターで、ラテン音楽に身を委ね、ご主人お薦めのシェリー酒を口に含む。「香りも味も日本酒の古酒みたいでしょ」。鎮座ましましているイベリコ豚の太ももをスライスしてもらえば、定番の極上生ハム。塩、脂加減とも申し分なし。カタクチイワシの酢漬けがまたたまらない。

ご主人は元商社マン、不惑を前に脱サラした。「もうかった、もうからなかったの世界はどうも。若くして亡くなる人もいてね。たった一度の人生、好きなことやりたくなって。妻が背中、押してくれました。どーんと」。照れくさそうにけらけら笑った。夫婦力あわせて築四〇年の二階建てアパートの一階を改装したらしい。せっけんカタカタ鳴らして……の続編みたいだなあ。現代版「神田川」！

ほろ酔えば、慣れないラテン酒場もいつもの赤ちょうちん。「セロリーカ」なる駄じゃれメニュー（さて何かな）はじめ、小皿のつまみはどんどん増え、食いしん坊を飽きさせない。その昔、学生時代の喜多條さん、馬場の「養老乃瀧」で安酒あおっては、〆サバばかりだったとか。時は流れるわけで。

呑んべえ列伝⑬　喜多條忠さん（作詞家・作家）

「赤ちょうちん」のころは、〆サバつまんで安酒あおって

（二〇〇八年一一月一五日）

幾つになっても路面電車はちょっとうれしい。喜多條忠さんと都電荒川線の面影橋駅で待ち合わせた。チンチン……。のんびり、ゆったり思い出まで運んでくるようで。

「じゃ、歩きながら？」

そうこなくっちゃ！　夕暮れ迫る神田川べりをてくてく、てくてく。せっけんカタカタ鳴らして横町の風呂屋に通ったみたいに。かぐや姫が歌って七〇年代に大ヒットしたフォークの名曲「神田川」は大阪から上京し、早大時代の同棲《どうせい》生活を下敷きに書いた。二五歳だった。髪の毛を肩まで伸ばして。失礼ながら、いまはすっかりおっさん。「ハハハ」

二匹目のドジョウ、「赤ちょうちん」も売れた。「あの舞台は東中野駅のそば。ほんとに貨物列車が通るとガタガタ揺れた。あれ、映画になった。秋吉久美子のヌードが鮮烈で」。フォークに続き、歌謡曲でもヒットを飛ばす。キャンディーズの「やさしい悪魔」、梓みちよの「メランコリー」……。キラキラの芸能界に遊んだ。月一度、彼女と赤ちょうちんでおでんを買った幸せなんてすぐ忘れた。

それからこのおっさん、いや、売れっ子作詞家がどうなったのか――、せつなくてせつなくて、それでいてあったかい家族の物語をこの秋、初めての小説にした。『女房ニゲレバ猫マデモ』（幻戯書房、二〇〇八年）。そのタイトルを見ただけで、にやりする。「まあ、いろいろございまして」。そうだろうね。〈オレ、ずーっと喜多條さんに青春と人生を教わってるんだなあ……〉。帯を書いたのは重松清さん。

「ずっと新人でいたいんですよ。還暦過ぎて、新人になりたくなった。新人はどんな冒険でもできる。書き残しておきたいこともあった。高校のころの同級生がぽこぽこ死んでいくし。原稿用紙にサインペンで六〇〇枚、手書きしました。ま、小説で食えるようになったら、また別のことやるかもしれないね。欲張りだから、いくつもの人生をやってみたい。アルチュール・ランボーもすぱっと詩をやめて、商人になったでしょ」

源水橋で歩を止めた。「ほら、あそこのマンションになっているところですよ。彼女と暮らしてたの。窓の下には神田川……でしょ。水、きれいになったよなあ。昔はテレビだの自転車だの三輪車だのが捨てられていたりでね。大雨が降るとすべてが流されてしまって」。ひりひりする青春の川をおっさん同士のセンチメンタルジャーニー。「あっ、この材木屋、あのころとちっとも変わってないぞ」

高田馬場まで歩いたら、いい具合に日が暮れた。川沿いの赤ちょうちんに入った。カウンターに座るや、品書きに目を留めた。「〆サバ、もらおうか」。焼酎の水割りを飲みながら、しきりに連発する。「うまい。うまい」。そんなに好物で？　「学生時代は、いつもこのあたりの養老乃瀧でしたから。〆サバつまんで安酒あおって。学生運動？　デモに行くのも勤勉なサラリーマンに思えてね」

前妻と別れ、いまの妻と暮らして四半世紀たつ。さすが作詞家、プロポーズの言葉がふるっていた。「責任を持って不幸せにするから」。むろん、反語。この小説のクライマックスでもある。「前の女房も読んだらしい。人づてに聞いてね。ほっとしたよ。

そうそう、吉田拓郎から電話があったんです。『拓郎だ、おまえな、あれ、すごくい本だ、おもしれえとか、悲しいとかじゃなくてさ。お祝いしてやるから。メシ食おう。ビールの一本や二本飲める体になったからさ』って。うれしかった。たまんなかった」

〆サバをぱくぱく、焼酎をがぶがぶ。テレ隠し、と見た。ひょっとして、このおっさん、ごつい顔して泣いているんじゃないか。大阪人らしく冗談ばっかり口にするけど。この間、温泉につかり、人生で巡り合った女性を数えてみたらしい。いったい何人？「ハハハ。もう一軒、行こうよ。新宿へ」。不況とはいえ、男と女であふれる大都会をタクシーが駆け抜ける。ほろ酔いの頭にあの歌がよみがえった。♪ただ貴方《あなた》のやさしさが怖かった……。

◇喜多條忠（きたじょう・まこと）
一九四七年、大阪生まれ。作詞家。代表作に「神田川」、「ハロー・グッバイ」、「男達のメロディー」など。現在は小説やコラムでも活躍。

第70夜　肴や味泉【月島】

右も左も酔い泣きして

（二〇〇九年三月二四日）

テレビドラマ「京都迷宮案内」が好きだった。橋爪功さん演じる哀愁漂う中年新聞記者、杉浦恭介。ひょうひょうとしながら、嗅覚はピカイチ。そして週一本のコラム「京の散歩道」のネタ探しに頭を痛める。居酒屋バカ、同情したね。

で、今夜は月島、もんじゃストリートのにぎわいからひとつはずれた隅田川沿いの通りにある**「肴や味泉」**へ。ネタに困っているに違いない、と朝日と産経の先輩記者が誘ってくれた。なんでも東京の居酒屋ランキングでは最高峰にあるらしい。証拠に、テーブルは「予約」で、壁という壁は全国の酒の「銘柄」で埋め尽くされている。

かろうじて空いていたカウンター隅に座る。右に朝日、左に産経。論調と逆なのはご愛嬌《あいきょう》。「おまえは中ぶらりんだなあ」。そんな皮肉をビールで流し、お薦めの煮アナゴをもらう。脂は落ち、ふんわりした白身の表面をさっとあぶってある。包丁を握るご主人は元演劇人、くどくどしたセリフはない。うまい、とうなる声にただ笑っている。

とびきりの純米酒を燗《かん》でやりだせば、右も左も、中ぶらりんも、ただの呑んべえにすぎない。煮アナゴのごとき極上のコラムをものする先輩も、うまい、しか口をついて出てこない。築地から仕入れる刺し身のたぐいもはずれなし。斜に構え、ひねくれ者を気取ったりするけれど、この下町に満ちたる、この国の幸せには言葉を失うのである。

「万葉集」で大伴旅人が詠んでいる。〈賢《さか》しみと物言ふよりは酒飲みて酔《ゑ》ひ泣きするしまさりたるらし〉。難しいことをあれこれ言うより、酔ったほうがいいよね、そんなところか。

第71夜　BAR酒場【六本木】

ここにもキヨシロー

（二〇〇九年五月一五日）

まるで日本中が涙しているかのようだった。RCサクセションの忌野清志郎さんの急逝、ロックンロールにほど遠い昭和歌謡なおやじにとっては、愛しあってるかい！なんて言われちゃ、どぎまぎするしかなくて。

「BAR酒場」で飲んでいる。六本木にあるカウンターバー、いや、どこかしら赤ちょうちんっぽい。キヨシローの歌が流れている。即席のソース焼きそば、そして四〇半ば、熊本は水俣のそばで生まれ、育った主人のつれづれ語りをつまみにビールをやる。反骨精神をユーモアにくるんだブログ「酒と人生」でこの九州の快男児を知った。

「おれにとって東京は二度目のチャレンジなんですよ。地元の高校を中退して、たまたま求人誌を見たら、朝日新聞ってある。飛行機代も出すからって。へー、記者になるんだって行ったら、配達だった。三畳一間の住み込みで。ハハハ」

　でも夢は捨てなかった。田舎の酒屋でもらった石原裕次郎の日本酒のポスターを握りしめ再び上京、念願のバーを手にした。

とろとろの熊本トン足を薦めてくれ、語るはわがキヨシロー。「特別な存在だったなあ。メジャーな名曲はどれも好きだけど、やっぱりこれ」。かかっていたのは「ジョニー・ブルー」だった。♪のんだくれジョニーが舞台へ出ていく〜親方は心配顔であきれてる〜明日はヤツのクビ切ってやろうか……。「ぐっときちゃって」。三畳一間を思い出すのかもしれない。バーの隅っこにさりげなくユージン・スミスのポスターがあった。水俣病の「悲惨」を告発した写真家である。ふるさとへの変わらぬまなざし。朝日の記者になりそこねた酒場のキヨシロー、かっこいいぞ。

第72夜　鳥もと【荻窪】

「八・三〇」のサヨナラ

（二〇〇九年九月一一日）

政権交代のあった「八・三〇」の夜からぽかんとしている。民主党さまの天下に変わるらしいけれど、実感がわかない。風まかせのガラガラポンでいいの？　へそ曲りゆえ、なんだか「ご一新」前が懐かしい。

「鳥もと」で飲んでいる。ＪＲ荻窪駅近くに新装なった焼き鳥屋。昭和二七（一九五二）年からずっと駅北口わきで、天幕に裸電球ぶらさげ、うまそうな煙をもうもうさせていた。それが同じ「八・三〇」を境に一変した。駅前ロータリー拡張に伴い、惜しまれつつ移転したのである。

焼き台を前にした特等席で皮ピーマンをつまみにサワーをやっていると、チータの歌が浮かんできた。♪ぼろは着ててもこころの錦……。どこもかしこも顔のない駅前風景になっていく東京にあって、闇市のごときオンボロ焼き鳥屋の点景は荻窪の自慢だった。その昔、かいわいでギターを抱え、若き遠藤実さんが流していたと聞く。

大政変のニュースにのみ込まれて、またひとつ「昭和」が消えた。旧店舗の壁に移転告知の張り紙。そこへ誰が書きつけたか、こんな言葉が添えられた。〈栄枯盛衰は世の常なれど、鳥もとは永久に不滅です〉。朝な夕な道行く人がじっと見入っている。自民党さまの党本部に〈永久に不滅です〉の落書きありや。

ぴかぴかになったカウンターで、ひとり煙もうもうを懐かしみ、サワーをやる。♪ぼろは着ててもこころの錦……は浮かんでこない。「おしゃれ、便利ばかりじゃ息苦しすぎる。どうにかならなかったのかなあ」。いまさらのぐちを酔客がこぼしている。でも、とあの漢詩をかみしめる。ここ鳥もとを愛した井伏鱒二の名訳。〈「サヨナラ」ダケガ人生ダ〉。きっとそうなんだろう。

第73夜　夜間飛行【ゴールデン街】

歌姫と夜間飛行

（二〇〇九年一一月二〇日）

会いたい、と思う。会わなくていい、とも思う。ひらがなで六文字の歌姫、ちあきなおみ。新聞にCD全集の広告が出るたび、NHK‐BS2で「歌伝説　ちあきなおみの世界」が再放送されるたび、心が乱される。

「夜間飛行」で飲んでいる。新宿ゴールデン街二階にあるバー、薄暗く急な階段は昭和歌謡ゴールデンタイムへのトンネル。屋号は彼女のヒット曲から、LP「もうひとりの私」の裏ジャケットはかつてここにあったバーで撮られた。物憂げな顔でひじをついたカウンターは昔のまま。そしてあの声が聞こえてくる。

♪いつものよおーにまくーがあーきー……。日本レコード大賞に輝いた「喝采」。ぞくっとする男と女のドラマ、ヒットしたのは昭和四七（一九七二）年、田中角栄が

「日本列島改造論」ひっさげ、首相になった年だと知り、いささか驚く。ああ、歌も時代も「ねっとり」していたんだなあ、と。いまはどちらもさらさらすぎて。「たたずまいかな。好きなところは」。バーを引き継いで二年になる歌手のギャランティーク和恵さんがぽつり。傍らのテレビからはヒットメドレーが流れている。ちあきなおみ評は多言を要しない。「あたしにとっては宿命的な歌手なんです」。ステージでは彼女の歌もカバーしている。懐メロじゃなく、ギャランティーク流、華やかに。バーボンの水割りをおかわりしているうち、カウンターは若い女性で埋まっていた。マスコミ業界人もいる。ちょっと意外。♪女のかなしみは夜空の星になり……。「夜間飛行」の一節が浮かんだ。ひょっとして彼女たちも都会でくたびれ、酒場の止まり木で歌姫と夜間飛行か。むろんほろ酔い気分で。

第74夜　美弥【銀座】

キウイの気持ち

（二〇〇九年一二月四日）

落語本ばやりとはいうけれど、立川談志一門の立川キウイさんの『万年前座』（新潮社、二〇〇九年）にはたまげた。〈桃栗三年柿八年キウイは前座を一六年〉。ヘンテコな高座名、あほらしくて、あほらしくて、師匠へのいちずなラブにちょっぴり泣けて。

「美弥」で飲んでいる。銀座は泰明小そばのビル地下にあるバー。カウンター向こうのバーテンがキウイさん。「師匠にマスターをスケて（助けて）やってくれと命じられまして。かれこれ一八年です」。とぼけた味、ようやく二つ目に昇進したものの、落語界一の落ちこぼれがいきなり物書きデビュー。「いやあ、太宰治生誕一〇〇年ですからね。恐れ入ります」

たまたま発売日で、本屋で師匠の本の横に平積みされているのを見つけて興奮していた。「どこまでも付いていく運命なんですかね」。キウイならぬみそキュウリをつまんで振り返ると、隅っこのテーブルに赤いジャケットで赤ら顔の談志さん。弟子のお祝い？　そんな雰囲気じゃない。「もう一本、人生最後のビールをくれ！」。マスターはしょうがないねえみたいな顔して栓を抜く。

本の末尾に談志さんの言葉があった。〈放っとけ放っとけ別に死にゃしない〉。一流のテレを含んで、これほど温かい師の声はない。そして棚に並ぶ三遊亭円楽さん、月の家圓鏡（橘家圓蔵）さんら年季の入ったボトルが尻をたたいている。♪ちゃっちゃらすちゃらら　すっちゃちゃっちゃっ……。どこからともなく「笑点」のテーマも聞こえてきそうだった。「初代の司会者が師匠でした」

休養宣言しながらも夜の銀座で遊ぶ師匠、破門されても破門されても懲りない弟子、いい師弟じゃないの。

❖キウイさん、二〇一一年にめでたく真打になった

第75夜　八文字屋【京都・木屋町】

京都は夢の中

（二〇一〇年二月一九日）

京都はいい。よそもんが住むのはしんどいけれど、東京でドタバタしていると、あの路地この路地が恋しい。そんな古都のすっぴん風景を撮り続けてきた甲斐扶佐義さんから写真集『夢の抜け口』（青草書房）が届く。

「八文字屋」で飲んでいる。京都は木屋町、高瀬川ほとりのバー。酔っ払った勢いで、久しぶりにビル三階のドアをあけた。「スズキさんでしょ？」。写真家でもあるマスターの甲斐さん、覚えていてくれた。デモに明け暮れたフォーク世代の元闘士、その無精ひげが笑っている。「京都美術文化賞をもらいましてね。ま、賞金は借金の返済なんかで消えたけど」

文学、哲学、芸術の本だらけの薄暗いカウンターで、バーボンをあおっていると、あのころ、加藤登紀子や中島みゆきが流れていたなあ、としみじみ。その日、その日が精いっぱいだった。地に足をつけての意味すらわからない。生意気盛りの新聞記者は夜回りと称しては彼女とちょっとリベラルな雰囲気にただ酔っていた。若かった。

本をめくる。なんでもない日常を切り取ったショットだから物語が生まれるのだろう。その一枚一枚に刺激され、仏文学者の杉本秀太郎さんが文章を寄せている。〈君は京都に媚《こ》びない。京都らしさの前に平伏することがない。その代りに、京都が君に媚びるときには、恐れおののいて下から見上げる〉。ちまたの京都本に落胆するのは、京都に媚びているせいか。

それにしても「夢の抜け口」とはうまい。酔いどれて、夢の中の京都に遊んでいたら、抜け口が見つからず、困った。でも「現《うつつ》」ばかりの東京で暮らしていると、「夢の入り口」を探したくもなるから。

呑んべえ列伝⑭ 細川護熙さん（元首相）

下町記者だった元首相

（二〇一二年七月六日）

気の向くままに、酒と詩愛す異風者

やわらかい裸電球の光の下、年季の入ったカウンターで細川護熙さん、しみじみしている。ちょっと懐かしくて立ち寄ったというここは東京・根岸の居酒屋「鍵屋」。かつて永井荷風や谷崎潤一郎も通った老舗である。大ぶりの冷ややっこをつまみ、日本酒を常温でぐいっ。白い麻のれんを揺らして、玄関からさーっと初夏の風が流れ込む。「ああ、すばらしい。ぜいたくだ」

もともと「鍵屋」、表の言問通りに面していたが、高度成長のただ中、道路拡張により立ち退きを迫られた。常連だった日本文学研究者のサイデンステッカーさんが朝日新聞に投書する。〈この国は人間より車の方が偉いのですか〉。朝日の記者だった若

かりし殿、さっそく記事にしたらしい。「こりゃいかんなと思いましてね。二段か三段の記事でした」。そのかいあって、昔の建物は都立小金井公園内に移され、のれんは一筋入った裏路地に下がった。

「あのころは社会部の六、七方面担当で、上野署の記者クラブを拠点にこのあたりを徘徊《はいかい》してたんです。たまに浅草のストリップにも足を運んだり」。そんな下町記者は汗臭いシャツを脱ぎ、一転（むろん機会を狙っていたに違いないが）、権力のちまたに身を投じる。「明日はござなくそうろう」。キザなセリフとスマートなイメージで日本新党ブームを巻き起こし、気がつけば、一国のトップへと上り詰めた。五五歳だった。

だが、そこは「異風者《いひゅうもん》」（熊本方言でひねくれ者）、ご存じの通り、あっけなく政権を投げ出し、還暦になるや永田町にサヨナラする。なんともお騒がせなおっさんですなあ、と突っ込むと、冷ややっこを崩して大笑い。

「うーん、私はね、政治家時代が〈主〉の人生で、リタイアしてからが〈余り〉の人生なんて考えてません。残り少ない時間を気の向くまま、好きなことのみに費やしたいだけなんですよ」。で、神奈川・湯河原の草庵《そうあん》でロクロを回しだす。

どうせ気まぐれだろうと思っていたら、こちらの世界は息が長い。茶わんをひねるだけでなく、水墨画や書もたしなむ。いや、たしなむどころではない。先ごろ開いた個展には京都にある細川家ゆかりの地蔵院に奉納するふすま絵を出品した。画題は中国の「瀟湘八景」。しっとり霧に煙る洞庭湖に月がぽっかり。「一発勝負がよろしいですなあ」。どこぞの大家みたいなことをのたまう。会場には白楽天の漢詩をしたためた屏風《びょうぶ》もあった。題は「對酒閑吟贈同老者」。

〈人生七十稀／我年幸過之／遠行將盡路／春夢欲覺時／家事口不問／世名心不思／百時盡除去／尚餘酒與詩〉

「白楽天さんも居酒屋で飲んでいたんですかなあ。ざっとこんな詩ですよ。人生七〇まで生きることはまれなのに幸いその年を過ぎた。遠い路も尽きかけ、春の夢も覚めるころになった。名利を求めることなどまるで関心がない。身の回りのわずらわしさは除き去って、酒と詩を楽しむばかりだ。七四歳になるいまの私の気持ちそのままですよ」

すっかり枯淡の境地を語ってみせるが、3・11からはそうもいかないらしい。震災ガレキを有効活用する「瓦礫《がれき》を活《い》かす森の長城プロジェクト」を設立し、東北を歩いている。「南北三〇〇キロに鎮魂の思いを込めた緑の防波堤が築けたら、と。ＡＫＢ

48の総合プロデューサー、秋元康さんらの力も借りてね」。そういえば、教え子、野田佳彦首相は？「うーん、ことあるごとに〈脱原発〉の方向を指し示せ、と言い続けてきているんですが、聞かない。万一のことになれば、この日本のすべてが失われるのに！」

しかめっ面して酒を飲み干したところへ、また玄関から風がさーっ。「そうそう、もうすぐ鬼子母神の朝顔市でしたか」。しばしご主人と朝顔談議になった。殿でも元首相でもなく、ひとりの下町記者の顔をして。

◇細川護煕（ほそかわ・もりひろ）
元首相。一九三八年東京都生まれ。上智大卒後、一九六三年から六年間、朝日新聞記者。著書に『不東庵日常』『ことばを旅する』など。二〇一二年、後藤新平賞を受賞。

第76夜　はぐれ【池袋】

「はぐれ」て生きる

（二〇一〇年二月二六日）

藤田まことさんが亡くなった。追悼で再放送された「はぐれ刑事純情派」を見ながら、ある刑事を思い出していた。署長への道を自ら断ち、いまも現場ひと筋。たまに会うと「事件が好きだからね」。その顔の渋さ、晴れやかさに藤田さん演じる安浦刑事が重なって。

「はぐれ」で飲んでいる。池袋は美久仁小路にあるカウンターだけの居酒屋。六八歳になるマスター、蓑口輝雄さんは元テレビの照明マン、一八年にわたって「はぐれ刑事」を担当した。定年後どうするか、あれこれ思案して、母がおにぎり屋をやっていた小路に帰ってきた。真新しいのれんに藤田さんのサインがある。

まだ半年そこそこの新米マスターとはいえ、大泉の撮影所近くの焼き肉屋で修業しただけのことはある。韓国風つまみがうまいのなんの。根っからの関西人と思われているが、藤田さんは池袋生まれ。「ええ、だから一度、寄るから、とおっしゃってくださってたんですが……」。若いころ俳優志望だったという大きな目がうるんでくる。旅から旅へ、地方ロケはまるで大衆演劇の一座だった。時に宿泊客まで集めての大宴会。藤田さんはマイクを握った。♪ああ~夢はぐれ　恋はぐれ……。エンディング歌だった堀内孝雄さんの「恋唄綴り」をしみじみと。「気さくで、サービス精神旺盛で。安浦刑事そのままの雰囲気でした」。マスターの思い出語りで池袋の夜が更けていく。

ほろ酔いで小路をふらふら。はぐれて生きるのは難しい。サラリーマンならなおさら。マスターが言っていた。「たまに群れから外れたらいいじゃない。また飲みにおいでよ」。〈居酒屋はぐれ〉の赤ちょうちんが頼もしく見えた。

第77夜 ペルル【鷺ノ宮】

笑ゥますたぁ

（二〇一〇年六月二八日）

〈ココロのスキマ、お埋めします〉。どきっとする名刺を持ち、現代人の欲望をかなえる謎のセールスマン、喪黒《もぐろ》福造といえば、アニメ「笑ゥせぇるすまん」の主人公。彼行きつけのバー「魔の巣」のマスターにモデルがいたのをご存じ？

「ペルル」で飲んでいる。西武新宿線鷺ノ宮駅そばの創業五〇年になるバー。「バーじゃなくてジィだよ」。そんな駄じゃれ大好きマスター、古川実さんこそ、そのモデルである。愛読している浜田信郎さんのブログ「居酒屋礼賛」でマスターの死を知った。享年八三。お元気だったのに……。

いつもベストにちょうネクタイ、美しい白髪にたっぷりのヒゲ、見れば見るほど「魔の巣」のマスターそっくりだった。ひょうひょうとした人柄が愛され、都心から離れているのに、カウンターは作家や漫画家ら多彩な呑んべえで埋まり、笑いが絶えなかった。赤ワインに目がなく、よく冗談を言っていた。「私の血はワインでできている」

スパゲティに昆布茶をパラパラふった名物「パラスパ」をつまんでいると、大常連の商社マンがギターでビートルズのナンバーを奏でだした。いいなあ。場末のバーがとびっきりおしゃれなバーになってくる。たまたまのぞいた夜がマスターの誕生日で、みんなで赤ワインを飲みまくったことなんかがよみがえり、ちょっぴり悲しくなる。

ずっと手伝ってきた常連客らがバーを引き継ぐ。「こんなメモが出てきたんですよ。あのマスター愛用のベストのポケットから」。見せてもらった。〈明日からあの世の一年生　居なくなっても笑ってね。楽しい人生に　お手伝いいただきありがとう〉。すてきな遺書だなあ。

第78夜　しも田【銀座】

破天荒な父と息子

（二〇一〇年七月一二日）

銀座のバーのマスターが名刺をくれた。〈学習院大学輔仁会硬式野球部監督　田辺隆二〉。「この人、あなたと飲みたいと言ってたよ」。聞けば、かの紀伊国屋書店の創業者にして、伝説の夜の帝王、田辺茂一さんの次男とか。すぐさま電話した。

「しも田」で隆二さんと飲んでいる。銀座六丁目にある江戸前割烹《かっぽう》、茂一さんのごひいきで、コースターに〈板前の冴《さ》え銀座下田の宵の味〉なる一文を残している。マグロとシャコの極上をつまみ、日本酒をやる。

「おやじがどんなところで飲んでいたか知りたくってね」。なんと小生のコラムを頼りにのれんをくぐってくれているらしい。

破天荒な父を持ったがゆえ、苦しんだ。三歳のとき、母が家を出る。ずっと寂しかった。心の空白を埋めたのが野球だった。学習院に入り、中学時代から白球を追いかけた。昭和三三（一九五八）年、東都大学野球一部リーグで史上初めての優勝を果たす。キャプテンであった。感動のドラマは門田隆将さんの『神宮の奇跡』（講談社、二〇〇八年）に詳しい。

酒焼けでなく、グラウンドで真っ黒に日焼けした隆二さん、もう父を恨んではいない。新宿の酒場で働いていた母とも再会した。茂一さんは小説も書いたが、雑文のたぐいが面白い。「遊ばない人間に仕事ができるか」「遊びの値打ち」。明治生まれの遊び人のスケールに驚く。「しょせん自己弁護ですよ」。七三歳になる息子は笑った。

♪争うことはいやなのさ　敗れたほうが　まだましよ　ちらりイエスのまねをしてああ　茂一のひとり歩き……。「ヘンなの、歌っていましたなあ」。古いレコードジャケットにネオン街の外れでぽつんとたたずむ茂一さんがいた。

第79夜　セレナーデ【銀座】

ガード下の小夜曲

（二〇一〇年八月二日）

ガード下酒場、と聞くだけで呑んべえはグッとくる。赤ちょうちんに昭和のにおいが増し、ガタンゴトンの電車のBGMも心地いい。ちょっとタイムスリップさせてくれる空間がそこにある。

「セレナーデ」で飲んでいる。西銀座JRセンターなる高架下にある老舗バー、頭上をのぞみやひかりが通る。屋号の名付け親は喜劇役者の古川ロッパというから古い。元は新橋近くにあったらしい。クーラーがない代わりに風鈴がある。うちわがある。そして壁という壁に落書きがある。

そこに女性の似顔絵もある。名物ママだった先代の野中花さん。交遊録『昭和・奇人、変人、面白人』（青春出版社、一九八三年）をひもとけば、まさに昭和裏面史でござい。ゾルゲもいれば、三島由紀夫もいる。引き継いだ三女の有子さんも才気煥発《かんぱつ》でちゃめっ気たっぷり、カウンターに座れば、尾頭付き（丸干し）とひと口大の赤飯が出る。「おめでたいの大好きだからね」

大作曲家、服部良一さんも足しげく通ったらしい。「じゃ、元気の出る歌にしようか」。♪あのこかわいやカンカンむっすめ……。代表曲のひとつ「銀座カンカン娘」をかけてくれた。オリジナルの高峰秀子さん、さらに井上陽水さんのカバーが続く。どちらもすばらしい。時折、響くガタンゴトンがご愛嬌《あいきょう》、ほろ酔いで心はうきうき、どきどき、暑さも忘れる。

それにしても、こんなバーがひっそり銀座の高架下で灯をともし続けているのは奇跡といっていい。「いつまでやれるかしらね」。冷蔵庫の上にある小さな母の遺影を見つめるママ。そっと口ずさむはバーのテーマソング。♪今宵流れるメロディーは甘いほのかなセレナーデ……。

第80夜　有薫酒蔵【新橋】

高校ノートの郷愁

（二〇一〇年八月九日）

やっぱり中年なんだろうね。夏の甲子園が近づくにつれ、新聞の運動面に載る地方大会の結果が気になりだすなんて。おお、やるじゃないか。ああ、ダメだったか。ひとりかすみがちな目をしばたかせ、わが母校よ、いずこ？

「有薫酒蔵《ゆうくんさかぐら》」で飲んでいる。新橋のビル地下にある居酒屋。毎日、九州から空輸されてくるきびなごの刺し身で一杯やれるサラリーマンのオアシスだが、ここの名物は壁一面を埋め尽くす高校ノート。ある夜、常連客が言った。「うちの同窓会のノートを置いてよかじゃろか」。福岡の久留米大附設高校ＯＢだった。

二三年になる。ノートは一五〇〇冊近い。それだけの数の高校ＯＢがのれんをくぐったわけである。「三〇〇冊でよそうかしら、五〇〇冊でよそうかしら、そう思いながら……」。おかみの松永洋子さんが笑う。久留米大附設高校のノートにホリエモンの名があった。「まだ東大生のころで。大変でしょって声をかけたら、ボク、月に三〇〇万稼いでますからって」

田舎モノにとっては心細い東京暮らし。国なまりを隠し、都会人の顔をし、会社通い。「そんなヨロイをカウンターで脱いでもらえれば」。とある会社の社長が社員の給料も払えない、と窮状をつづれば、それを見た先輩のツテで出資者が現れたこともあったとか。たった一冊のノートがつなぐ人と人、心と心、東京は砂漠じゃなかった。

わが滋賀県立膳所高校のノートもあった。麦焼酎でほろ酔いながら、ページをくる。校歌の一節が目に留まる。♪遵義《じゅんぎ》の桜　咲く庭に……。口ずさんでいると、校門のそばにあった大衆食堂の大盛り焼きソバを思い出した。おばちゃん元気でいるかなあ。

第81夜　魔里【銀座】

銀座の「積乱雲」

（二〇一〇年八月二三日）

気になるなあ、梶山季之さん。「トップ屋」と称した週刊誌の敏腕ライターから流行作家へ。ポルノも書いたが、植民地支配下のソウル生まれゆえ、日本と朝鮮半島の歴史にこだわった。壮大な小説「積乱雲」を構想しながら、一九七五年に香港で客死。四五歳だった。

「魔里」で飲んでいる。銀座八丁目にある老舗文壇バー。梶山さんのことなら、彼が愛したママに聞け、と先輩が教えてくれた。ドアを開けるまでドキドキしたが、気さくそのもの。肩書とサイフで「あーら、先生」なんてタイプじゃない。「カウンターの向こうは平等よ！」。銀座の生き字引は風格たっぷりだった。

没後三五年にもなる作家を思うのは、この夏、日韓併合一〇〇年で菅直人首相が

〈痛切な反省と心からのおわび〉なる談話を出したから。梶山作品には映画化もされた「族譜」など植民地朝鮮を舞台にしたものがいくつかある。「取材でソウルへも一緒に行ったわね。夜中は外出禁止で」。おしゃれな眼鏡越しにママの目が遠くを見つめる。

ライフワークの「積乱雲」は朝鮮に原爆と移民をテーマに加えた大河小説になるはずだった。完成していれば、砂をかむような首相談話など発表しなくとも、日本の心は届いたかもしれない。どうしてタイトルを「積乱雲」に？　ママは即答した。「むくむく雲がわけば、ざーっと雨が降るでしょ。変わるの。変えたかったのよ。梶山は」

ここは銀座にして、銀座にあらず。その昔、トップ屋たちが梁山泊のごとくたむろした新宿あたりの安酒場のにおいがする。ママも昭和の薫りがする。で、ついついウイスキーをがぶ飲み。酔えば、梶山さんに会える気がして。

呑んべえ列伝⑮　あがた森魚（シンガーソングライター）

四畳半フォークから新境地へ

（二〇一一年八月二六日）

ライブやらないと生きられない

ねっとりした風がまとわりつく。赤ちょうちんの灯が揺れるここは東京・高円寺のガード下、あがた森魚さん（六二）と飲みだしてもう一時間になる。四畳半フォークの名曲「赤色エレジー」しか知らぬオールドファンはさぞや驚くに違いない。還暦過ぎて、ますます詩心さえわたり、フシギ・カゲキのあがたワールド全開、日本列島を北へ、南へ、旅から旅の日々らしい。

「アハハ、いつも、ふと知らない横丁を通り抜け続けている感じ。とにかく、来る日も、来る日もライブをやりたい。歌いたいんだよ。ライブやらないと生きられない。魚と一緒なんだ。泳いでないとだめみたいな。『赤色エレジー』だって、懐メロ歌ってるつもりないよ。いまのあがた森魚の『赤色エレジー』。実時間の堆積《たいせき》が歌を育てる。だから、毎日ライブなんだ」

そのあがたワールド、どれくらいフシギ？　どれくらいカゲキ？　答えは新しいアルバムにある。一枚は「俺の知らない内田裕也は俺の知ってる宇宙の夕焼け」。そしてもう一枚が「誰もがエリカを愛してる」。それぞれ曲の基調はパンクにタンゴ、♪愛は愛とて……、あのしみじみフォークからずいぶん遠くにきたもんだ。それはいい。よりによって、いかにもお騒がせなロックンローラー、内田裕也さんと女優、沢尻エリカさんへのオマージュ曲とはね。聴いてみると、ポップでゴキゲンな仕上がりですけれど。

「ずっと二人のことが気になってた。どこか似てるんだよ。スキャンダラスってことじゃないよ。イノセントで愛らしくて。何ごとかを叫んでいるんだけど、社会に受け入れられず、孤立感があって……。沢尻エリカさん、現代の乙女の悲しみ、心もとなさを体現してるようにも見えるし」

うーん、わかるような、わからないような。それでもパワフルに語る、語る。そして飲む、飲む。「そんなには飲んでないよ。って、がぶがぶ飲んでるか。昔はライブが終わったら、朝がうっすらしてこないと気がすまなかったなあ。ま、酒はともかく、オレたちの世代って、ラブ・アンド・ピースでしょ。パリのカルチェラタンや日本の全共闘運動。愛や平和が勝ち取れるぞって幻想があったよね。歌なんて現実社会とどれだけ切り結べるんだって疑問もあったけど。でも、オレの中で基本は変容せずきているね。学生気分が抜けないっていったらそれまでなんだけどさ」

ちょっと酔ってきたせいもあってか、黒ぶち眼鏡の奥を潤ませ、この夏の思い出をぽつりぽつり――。北海道で開かれた福島の子どもたちの林間学校に招かれた。原発事故で思いっきり外で遊べなかった小学生らを前にあがたワールドを歌ったらしい。

「オレなんて知らないおじさんのはずなんだけど、盛り上がってくれてね。ギターの下に潜り込んで、見上げるように聴いてくれたんだよ。で、終わって男の子に言われた。『またここで会える？』。なんだか切なくなってきて。時間があったら、ワークショップをやりたかったんだ。テーマは〈昨日、今日、明日〉。好きに歌をつくってほしかった」

二人で夜の高円寺をハシゴする。見れば、もごもご口ごもっている。どうしたんです？「言っちゃおうかなあ。オレの大ニュース。吉永小百合さんと再会したんだ。

NHKの『夢千代日記』で共演したことがあってね。オレの住んでいる埼玉県川口市に彼女が来るっていうので、出かけたの。ライフワークにしている原爆詩の朗読会にね。覚えてるかなあって心配だったんだけど、会うなり、あがたくーんって。映画『キューポラのある街』のころの女子高生そのままの澄んだ目でさ」

ああ、うらやましい。でも、いつしかこちらもぐでんぐでん、記憶はおぼろにかすむばかりで。たしか二軒目か三軒目で言ってたなあ。「パソコンにサヨナラして、二年ほどアフリカあたりで充電する。すっごいアルバム一枚ひっさげ、3・11後の日本に向き合ってみたいんだ。八〇歳まで歌うよ、オレ」

◇あがた森魚（あがた・もりお）

一九四八年、北海道留萌市生まれ。一九七二年、「赤色エレジー」でデビュー。歌だけでなく、著述など幅広く活躍。最近は映画『マイ・バック・ページ』にも出演した。

第82夜　うおよし【葛西】

歌姫の思い出酒

（二〇一〇年九月六日）

♪まっかにもーえたーたいよーだーからー。クラクラする酷暑のせいもあって、カラオケのマイクを握るたび、美空ひばりの「真赤な太陽」を選んだ。夏の海も恋も無縁だが、ゴーゴーのリズムに揺られて歌えば、暑さなんぞ吹っ飛んだ。

「うおよし」で飲んでいる。地下鉄東西線葛西駅から歩いて五分の路地裏にある居酒屋。〈去りゆく夏を送る会をやります。いかがですか〉。願ってもない手紙に誘われやってきた。差出人は俳人の齋藤愼爾さん。膨大な資料を駆使して昭和の時代と歌姫を描いた『ひばり伝』（講談社、二〇〇九年）の著者でもある。力作にうなったのを覚えている。

なんでも散歩がてらに見つけたとっておきの酒場とかで、元すし屋だった。なるほど刺し身はうまいわ、酒は安いわ。そして驚いたのは掘りごたつ式カウンターに見覚えある顔。ひばりプロ社長の加藤和也さん！　ご存じ、ひばり最愛の息子である。評伝の出版をきっかけに、ちょくちょく二人でほろ酔うらしい。

「いいですよ、下町酒場って」。御殿暮らしの超セレブと思いきや、意外な言葉が出る。その飲みっぷりも立派なおやじ酒。「アハハ、おふくろも焼き鳥なんか大好きでしたから。毎年、誕生日はうちの庭で焼き鳥パーティーやってね。僕、焼いていました」。亡き母の思い出酒を一杯、もう一杯で、夜が更ける。

年が明ければ、ひばり二十三回忌。大きなイベントもあるだろうが、ちまたにあの歌、この歌が流れるのがうれしい。沈まぬ太陽が、沈みゆくこの国を勇気づけてくれるに違いない。齋藤さんは評伝のあとがきにこう記していた。〈放浪をよぎなくされている人々に幸いあれ〉

第83夜　あゆむ【池袋】

人生航路の卵焼き

（二〇一〇年一〇月四日）

秋。酒が恋しい。夜な夜な東京の路地裏をさまよい歩く。ああ、ここにも。へえ、ここにも。次から次へと酒場が生まれている。でも、あまりうれしくない。デフレのご時世、看板に躍る文字は安い、安いばかりで。

「あゆむ」で飲んでいる。池袋駅西口すぐのビル三階にある居酒屋。真新しい看板にさりげなく〈家庭料理〉の文字。いかにも元スナックのたたずまいながら、ちょっとヘン。「テーブルもイスも激安のニトリでそろえたの」。切り盛りする美人おかみ二人が笑う。姉妹である。「ごめんなさいね。服はユニクロで」

設備投資は大いにケチケチやってくれ。気になるのは料理。牛肉とキャベツのオイスターソース炒めなんて本格派が出てくるかと思えば、これぞお袋の味、卵焼き、ぬか漬けが絶品である。キッチン担当の姉は大学の学食で働いていたとか。常連客がおしゃべり担当の妹と漫才をやる。「あんた、スイカ使わないんだって?」「ええ、切符がいいわ。私、江戸っ子だからきっぷがいいの」

ほろ酔いながら、人生航路を聞く。その笑顔から想像できないほど姉妹は苦労を重ねていた。貧しく、友人宅でご飯を食べさせてもらった。進学もままならない。妹はキャバレーで売れっ子になった。「一緒にいたのがあの田口八重子さん。北朝鮮に拉致された。ちとせって名で。彼女のことを思うと……」。えっと息をのんでしまった。

そんな姉妹が年齢を重ね、都会の片隅で腕によりをかけた家庭料理を看板にする。うまいに決まっているではないか。心がぽかぽかするに決まっているではないか。安さを宣伝しなくとも客はひとり、またひとりと集まってくる。

第84夜　番狂せ【四谷】

バートン流番狂わせ

（二〇一一年二月二一日）

カウンターに座るなり流れていたカタコト日本語の歌にパンチをくらった。バートン・クレーンだった。一九〇一年生まれの米国人ジャーナリスト、大正の末に来日するや浅草通い、エノケンらと親交を結ぶ。戦後は日本外国特派員協会の初代会長にもなるが、彼こそ、わが国コミックソングの元祖だったとか。

「番狂せ《ばんくるわせ》」で飲んでいる。四谷・荒木町にあるアートスナック。渋い小料理屋なぞ並ぶかいわいに、ポップなイラストを描いていた公家《こうけ》智子さんが飛び込んで三年、月替わりで彼女お気に入りの作品が壁を埋める。画廊バーっぽくもあるが、ちょっと違う。屋号の名付け親でもあるエッセイストの坂崎重盛さんが隣で笑っている。「もっと軽い、軽い。スナックアートの聖地なんですよ、ここ」

そんな聖地で迎えてくれたのがバートン・クレーンだった。♪酒飲めば僕楽しい万歳！　乾杯！　養老の滝が飲みたい……。サトウ・ハチローが「歌そのものが泥酔している」と称した「酒がのみたい」に噴き出し、♪威張って歩きなさい　歩きなさい　歩きなさい　苦しいことはない　景気をつけろ　赤字なんか驚くなよ　世界中がマイナスだよ……。不況風も吹き飛びそうな「威張って歩け」に思わず拍手。

どこを持っていいのやら、女体をかたどったグラスで芋焼酎をやりながら、しばしユーモアあふれるバートン・ワールドに遊ぶ。戦争中は中国に渡り諜報《ちょうほう》活動もしていたらしい。あれこれ想像をふくらませていたら銀髪の公家さんが名刺をくれた。はげ頭に丸眼鏡のおっさんのイラストがある。だれなの？「これがホントのあたし。うふふ」。バートン流のしゃれで返された。

第85夜　酔香【押上】

スカイツリーの下で

（二〇一一年二月二八日）

エンピツ一本で生きていく（古いね）新聞記者とてサラリーマン、人事異動が気にならぬではない。五〇歳も過ぎ、内示のリストを見るたび、居場所のなくなりつつあるわが身を思い、そろそろ第二の人生かな、とつい酒量が増えてしまって。

「酔香《すいこう》」で飲んでいる。建設中の東京スカイツリーのお膝元、押上は十間橋そばにある日本酒バー。ご主人の菅原雅信さんは日経BP社の元編集委員。五〇歳になったのを機に二八年のサラリーマン生活にさよならし、念願の日本酒が味わい尽くせる酒場を持った。築五〇年の酒屋を改装したカウンター八席のみのこぢんまりしたたたずまい、屋号に「酒庵」と冠した。

棚いっぱいに全国の銘酒が並び、ジャズが流れる。花瓶にはサクラの小枝。「春めいたお酒をどうぞ」。お薦めをいただき、脱サラから居酒屋おやじへの道を聞く。「気がつけば、毎日、ツマンナイ会議ばっかりで。現場からどんどん離れていくでしょ。気力も体力もあるうちに好きなことをやってみるか、と。一〇〇本はあったネクタイはぜーんぶ捨てました」

ひっきりなしに予約電話が鳴る。まだ一年にもならないのに老舗の風格が漂う。「ままごと感覚が抜けなくて」。ご主人は謙遜するが、「日経レストラン」編集長時代に築いた酒蔵人脈、経営ノウハウの知識がある。趣味が高じてとわけが違う。日本酒はむろん、つまみが憎い。酒かすの大根おでんにうなった。「秋田生まれのただの呑んべえですよ」。傍らで若い奥さんが笑っている。

うらやましいなあを連発していたら、隣のサラリーマン氏にピシャリやられた。「アンタは無理だね。やめないほうがいいよ」

第86夜　らくだば【新宿】

らくだの気持ち

（二〇一一年三月七日）

春。若者たちが上京してくる。あこがれの花の都も、すぐに孤独な東京砂漠だと気づく。♪帰ろかな　帰るのよそうかな……、ふるさとに残した父や母を思い、北島三郎さんは歌ったものだが、いまや二四時間、携帯電話でつながっている。なんだかちょっと寂しくもあるが、それも時代。みんな大いに頑張ってくれ。

「らくだば」で飲んでいる。地下鉄丸ノ内線新宿御苑前駅近くにあるダイニングバー。大阪生まれ、京都で学生時代を過ごしたご主人、井之口豊さんが、とことん関西にこだわったつまみと酒でもてなす。看板にズバリ「関西酒場」。夢だった三五歳を前に独立して、ちょうど二周年を迎えたばかり。カウンターはお祝いの客であふれている。ヘンな屋号だなあ。「ピンときませんか?」。その面長の顔、らくだそっくり。「アハハ、僕、昔かららくださんって呼ばれてて。らくだのバーだから、らくだば」。どて焼きにガーリックトーストを添え、チーズフォンデュに西京みそを溶かし込む。そして、らくだのコブになぞらえたコブだしスパゲティ……。アイデアもしゃれもきいている。酒は大阪・池田の銘酒「呉春」で決まり。

「京阪会」なる関西人限定の集いを開いたりもしているが、らくださんのほんわかした人柄を慕って、東京人も関西酒場に入り浸っている。「関西人じゃないのに懐かしいんです」。祝福に駆けつけた常連が言った。聞けば、わが町・新宿をきれいにしたい、と客に呼びかけ、ゴミ拾いボランティアも続けているらしい。「ばらばらになりがちな人と人を結ぶたまり場になれたらうれしいんです。砂漠でオアシスを求めてますから」。さすが、らくだ！

第87夜　赤ちょうちん【西新井】

日なたで一杯

（二〇一一年五月二三日）

かの小原庄助さんは朝酒で身上つぶしたらしいが、昼酒ならセーフだったのかしらん。サラリーマンなら夢のまた夢、たまりにたまった仕事をすべてうっちゃって、おてんとさまの高いうちから一杯やりたい誘惑にかられる。まじめばかりが能じゃない、われらアジア人なら、昼酒なんて常識だ！　と言い聞かせて。

「赤ちょうちん」で飲んでいる。足立は西新井大師の参道わき、伊勢末酒店の一角にある年中無休の角打ち。「もう八〇年になるかね。とにかく古いよ」。おかみさんが酒屋から飲みコーナーへ現れた。立ち飲みスタイルでなく、一升瓶のケースに腰を下ろす。縁日に演歌歌手がキャンペーンにやってくるらしく、新曲のポスターやサイン色紙で埋め尽くされている。

魚肉ソーセージと焼きそばをつまみ、ホッピーを流し込む。隣は皆勤賞ものの常連客。サンダルばきなのがすごくうらやましい。「のんびりして最高です」。テレビは「上沼恵美子のおしゃべりクッキング」。まったりした時間がこわばったカラダを温泉みたいにほぐしてくれる。おかみさんはといえば、いつの間にやら、いまどきの携帯端末のイヤホンを耳に日なたぼっこしているよ。

そんな地元呑んべえ御用達ののんき酒場にカメラを手にした遠来客が立ち寄りだした。風雨にさらされ、朽ち果て、屋号すら消えかかった建物がぐっとくるらしい。立ち飲みガイド本の表紙も飾った。「こんなキタナイとこ、どこがそんなにいいのかしらねえ」。天童よしみを聴いていたおかみさんは大笑いする。お大師さんのご加護ゆえか、三月一一日の大きな揺れにも建物は耐え、酒瓶五、六本が割れただけだった。

呑んべえ列伝⑯ 長友啓典さん（グラフィックデザイナー）

がん克服したデザイナー

（二〇一一年三月四日）

ケッタイやろ？ 日々@好日

「よう、わかったなあ、ここ」。ちょっと悔しそうな顔して長友啓典さん（七一）が現れた。一杯やりながら、と指定されたのは、新宿・余丁町の路地裏、カーナビもお手上げの居酒屋「蛍」だった。モスグリーン色のトタンに覆われた米軍兵舎っぽいたたずまい、すっかり日の落ちた住宅街にぽーっと赤い電球がホタルさながらともっている。

「トモさん」。誰もが親しみを込めて、そう呼ぶ。古希を過ぎてなお一線で活躍し続ける大阪生まれのグラフィックデザイナー。古くは「平凡パンチ」から「流行通信」まで、多くの雑誌のアートディレクションを手がけ、本の装丁も数え切れない。しゃれたレイアウト、それでいて人間臭く、温かい。しょっちゅう口にするのは「ケッタイ」なる関西弁、その意味は風変わりで、面白いあたりか。

カウンターで芋焼酎のお湯割りをなめ、トモさんが話しだしたのは食道がんのことだった。一年前の三月一日に宣告を受け、ゴールデンウィークに手術した。偶然にもFMラジオから桑田佳祐さんの曲が流れてくる。「彼もそうやったね。早期発見ができたからよかった。医療技術の進歩は大したもんです。でも、生きる〈気〉がなかったら、治らへんわ。僕はうまいもんが食いたい、酒が飲みたい、ゴルフがしたい、それだけでしたけど。治ってみせるぞ！　って〈気〉はありましたな」

高校時代にラグビーで鍛えた頑丈な体もあって、胃袋が三分の一になっても医者も驚く回復力。銀座、新宿、六本木、夜のクルージングも復活とか？「さすがにハシゴ酒はできひんね。炭酸が食道によくないので、ビールは控えてるけど、酒も少々なら。うまいもんは食いまっせ。『あと千回の晩飯』を書かれた山田風太郎さんみたいな心境やなあ。忙しくて昼メシ食うの忘れる人がいるらしいね。信じられへん。ラーメンで晩メシすますのもハラ立つんや」

ケッタイ好きのトモさんである。食道楽だけでは終わらない。二〇〇八年に創刊した活字で読むデザイン雑誌『クリネタ』（季刊）にますます入れ込んでいる。クリエーティブのネタ満載だからクリネタ、おやじギャグだが、編集長のご本人は大まじめ。創刊の辞がふるっている。〈なんでこないなモン創ったんや？　とか、若いときに、どない思って仕事してはったんか？　とか……知らんこと、ぎょうさんあるわけやね……ここらで、そういうモンを集めて、雑誌にしてチャンと残そ、思うて〉
「若いころ、入り浸っていた新宿ゴールデン街の雰囲気を活字にしてみたろ、みたいな。寺山修司さんはいる、唐十郎さんはいる、野坂昭如さんはいる。文学、演劇、ロック、なんでもありのごちゃごちゃ。わけのわからん芸術論を戦わせ、あっちこっちでケンカして。すごく刺激があって、楽しかった。いまどき雑誌かよって笑われてもかまへん。今こそ、雑誌と信じてる。電子書籍さまがナンボのもんや、そのうち向こうからすりよってきよるで、と」
いいぞ、トモさん。七〇年代にタイムスリップしたかのごとく熱く語る、語る。病み上がりとは思えない。ふと見れば、ご主人のいでたちはまるでフレンチのシェフ。なるほど、ここもケッタイか。次から次へ、居酒屋らしからぬ極上つまみが出てくる。なかでも牛肉のカルパッチョにはたまげた。「あ〜、うまいなあ〜」。舌鼓を打つトモさんにご主人、包丁を持つ手を止めた。「青汁、用意してましたけど、いらないですなあ」

ケッタイなおっさんの快癒を喜ぶ笑いに見送られ、カウンターを立ったトモさん、携帯電話のカメラで居酒屋をパシャ。「ハハハ、僕、ブログやってるんですよ。〈日々@好日〉って。入院してる時は、おかげでずいぶん激励の言葉に助けられました。それじゃ。また」。かつて伊集院静さんと二人して「銀座探偵団」と称し、ネオンの街を闊歩《かっぽ》していた。偶然、お見受けしたこともあった。あのころよりずっとかっこいいな――。背中が渋く見えた。

◇長友啓典（ながとも・けいすけ）
一九三九年生まれ。桑沢デザイン研究所卒。イラストレーターの黒田征太郎さんと事務所「K2」を設立。近著に『成功する名刺デザイン』『装丁問答』。

第88夜　六兵衛【江戸川区】

逃亡記者の解放感

（二〇一一年六月二〇日）

夕暮れ、銭湯でひと風呂浴びて、路地から路地をふーらふら、朝日新聞の下町記者、小泉信一さんのスタイルは変わらない。3・11で人生観がどうのこうのなんてインテリくさいことは書かない。あくまで市井の哀歓を拾って、つづって。新刊の『東京スケッチブック』（創森社、二〇一一年）にはそんなコラムがあふれている。

「六兵衛」で飲んでいる。東京の東はずれ、江戸川区松江にあるモツ焼き屋。ぜひ一緒に、と小泉さんに誘われた。かれこれ半世紀、地元呑んべえに愛されてきたのは黒光りカウンターとすすけた招き猫でわかる。Tシャツ姿の二代目ご主人にレバーとカシラをタレで頼み、きんきんに冷えた白と黒のホッピーをカクテルでやる。ポテサラにウスターソースをかければ、もう止まらない。

それにしてもここ、都心から遠いなあ。最寄りの鉄道駅がない。バスかタクシー。ちょっと決心しないとやってこられそうにない。「だから好きでね。荒川を越えてしまえば、逃げ切った感じするじゃない」。追っ手？「ハハハ、会社とかいろいろ。本社にあまり顔を出さないから」。同感！酔っ払い逃亡記者二人の漫才にモツを焼くご主人の背中が笑っている。

あれは一年ほど前だったか、小泉さんからわざとらしく明るく電話がかかってきた。「前立腺がんになっちゃって」。手術し、ホルモン注射による治療を続けている。副作用もつらいに違いない。「うーん……。エロ小説でも書いたらなんて勧める知人もいてね」。ホッピーをあおった。深夜、絶望的な気分になったとき、寺山修司の言葉をかみしめているらしい。〈夜明けとともに悲しみは　かもめになって飛んでいく〉

第89夜　まんぷく【府中】

なでしこのホマレ

（二〇一一年七月二五日）

菅直人さん、バラの花はカズに任せ、われらが「なでしこジャパン」にとびっきりの国民栄誉賞を与えてよ。曇天続きのこの国をすかっと晴れやかにした、その功績たるやすごすぎる。戦後日本の女子スポーツ界でいえば、かの東洋の魔女すらしのぐのではないの？

「**まんぷく**」で飲んでいる。東京都府中市は天神町のいちょう通りにある居酒屋。なでしこキャプテン、澤穂希《ほまれ》選手ごひいきの赤ちょうちん、なにせ実家がすぐそばである。牛スジ煮込みやポテサラなど定番メニューに手抜きがない。とりわけサバのみそ煮は澤選手とお母さんの大好物、甘さ控えめの味付け、しかも屋号通り、二切れ五〇〇円の満腹価格がうれしい。

カウンターの隣に日焼けした小野田恵一さんがいる。「府ロクサッカークラブ」のコーチとして澤選手を小学三年生から育ててきた。その少女がまさか、まさか、まさかの女子ワールドカップ金メダル。「こんな結果出されちゃ、もう泣きまくりだよ。あのアメリカに勝ち越しゴールを許したとき、正直、ホマレ、もういい、よくやったぞってたたえてやろうって思ってたんだ。それがあきらめないんだもんなあ」

さっきドイツ帰りのお母さんが立ち寄った。おかみさんが「お疲れ」と声をかけると、「お土産買ってこられず、ごめんね」。見れば、壁に震災の被災地・宮城県女川を応援するメッセージ。おかみさんのふるさとらしい。「ホマレちゃんの頑張りに大きな勇気をもらった」。どこにでもありそうな町の、どこにでもありそうな居酒屋が、どこにもない感動に包まれている。ナデシコの酵母で仕込んだ「なでしこ焼酎」をいただいた。うーん、うまい。

❖このコラム掲載から間もなく、「なでしこ」に国民栄誉賞が授与された

第90夜　風神亭【荻窪】

野人の勲章

（二〇一一年八月一五日）

〈東京のいざかやさんへ　そばめしと、けんちんじる　あたたかくて、とってもとってもおいしかったです。じしんの時、ガラスがバリバリわれて、そしてすぐにはい色の水がごみといっしょにながれてきました。家の中にも水が入って来て、しぬかと思いました〉

「風神亭」で飲んでいる。ＪＲ西荻窪駅そばの居酒屋。ご主人の佐藤郁生さんがウサギのイラスト入り便箋を読み返している。震災後、宮城県石巻市の避難所で炊き出しをしたとき、小二の少女にもらった手紙らしい。かれこれ三〇年、路地裏に「野人料理」の看板をぶらさげ、いまなおバイクで全国を旅するさすらいの中年男の目が潤む。

大学を出て、刀鍛冶になろうと思った。時は流れ、風神亭はじめ六つの居酒屋を展開する社長になったが、切り盛りは若いスタッフに任せ、自らは那須の山奥でカラスミなど珍味づくりに丹精を込める。「好きなことをして生きてきた私に震災はのど元に突きつけられたあいくち。飲み屋なんかやってる場合か、悩みました」。ただそこは野人、気が付けば、四〇〇人分の食材を満載したワンボックスカーでスタッフの親戚が避難している石巻へ向かっていた。

手紙の少女が母親と一緒にやってきたのは、炊き出しの鍋が空っぽになり、ひと息ついていたときだった。「体育館で一生懸命書いてくれたみたいで。ものをつくって人に喜んでもらう。こんなうれしいことはない。これで平常に戻れる、教えられました」。可愛い文字でこう締めくくられていた。〈今日食べたそばめしと、けんちんじるのあじは、わすれません〉。「勲章だから」。野人、照れくさそうにポケットにしまった。

第91夜　やきや【荻窪】

女もしてみむ

（二〇一一年八月二九日）

飲めば太る。食えば太る。ある日、鏡に映ずるわが姿に驚く。女は思う。「やせたいわ。できればラクして」。そんなふやけたご時世にあらがう女がひとり。『Ｔｏｋｙｏぐびぐびばくばく口福日記』（新講社、二〇一一年）の著者、倉嶋紀和子さん。四年で一五キロのお肉がついたの！　と笑い飛ばし、夜な夜なはしご酒である。

「やきや」で出版祝いを兼ね倉嶋さんと飲んでいる。ＪＲ荻窪駅南口そばの立ち飲み屋。ツマミは東京一との誉れ高い塩辛はじめイカ、イカ、イカ、イカづくし、しかも一七〇円均一の安さ。誰が呼んだか、イカパラダイス。もとは北口の路地裏にあったが、再開発による立ち退きで、線路をまたいで移ってきた。荻窪暮らしで雑誌「古典酒場」編集長でもある彼女ももろん大のひいき。

さて、カウンターのすき間に余剰肉をぎゅっと押し込んで、今夜も彼女はホッピーぐびぐび。♪サカナはあぶったイカでいい……、八代亜紀の歌を忘れたか、イカ刺し、わたあえばくばく。「アハハ。酔いどれさんたちに会うのが楽しくって。飲んだ、笑った、泥酔した。そして電車を乗り過ごした。なあんてアホなことばっかり書き連ねてきたブログをまとめてくださったんです。はあ」

それにしても、平安文学にあこがれ、学者になるべく大学院まで進んだ才女がおやじの聖地でへべれけの日々とは。「すごいじゃない。またこれかよみたいな水戸黄門エッセーなんだけど、どこか品もあってね」。編集者が言っていた。なるほど。世にもフシギなこの酔っ払い日記、おやじもすなる酒場巡りといふものを女もしてみむとてするなり――、かの「土佐日記」の味わいがあるかもしれぬ。

第92夜　いちべえ【荻窪】

ぷくぷくカキ、きっと

（二〇一一年九月五日）

あの大震災から半年になる。われら呑んべえにとって、東北がいかに恵みの地だったか、ぷくぷく太った三陸のカキが並ばぬカウンターで思い知る日々である。あれだけの津波、さすがにカキはもうだめだろうな、とあきらめていたら、うれしい便りが届きだした。

「いちべえ」で飲んでいる。JR荻窪駅そばの居酒屋。日本酒三〇〇銘柄をそろえ、地酒好きをうならせてきた。うまし酒あるところ、うましサカナあり。岩手県は大船渡のカキも自慢の味だった。知る人ぞ知る、志田健志さんのカキ。「自宅もイカダも流されたと聞きまして。すぐさま義援金を集めたんです」。そう語るご主人、桂馬定雄さんになぜか笑顔が。

それもそのはず。不自由な仮設住宅暮らしの志田さん、カキへの愛、断ちがたく、ゼロからの再スタートを決めた。引き揚げられた養殖船の修理を終え、この一日、大船渡湾で試験運転もすませた。ご主人が喜んでいたのは、義援金が船の大漁旗になった、と知ったから。「一歩、また一歩と元の生活を取り戻してくれている。少しでもお役に立てたんだなあと」

さっきから、隣で女性客がいい感じでほろ酔っている。はるか遠く大船渡と荻窪を結びつけた大常連とか。岩手の地酒「吾妻嶺《あづまみね》」のファンで、蔵元を訪ねたとき、つまんだのが志田さんのカキだった。「ほれました。酒縁ですよね」。志田さんに電話してみる。♪わーれはうーみのこ　しーらなみの……。着メロが泣けるじゃないか。そして潮がれの声が続く。「ありがたいです。ありがたいです。必ずカキ、復活させてみせますからね。そうそう、大漁旗には〈いちべえ〉って大きく入っていますよ」

第93夜　アリラン【ソウル】
ソウルの流し

（二〇一一年一〇月三日）

いやはや、すごい勢いですなあ。K－POP旋風。なるほど、彼ら、彼女らはそろいもそろって美男、美女、歌とダンスもスキがない。でも、こうまでそっくりグループが上陸してくると、飽きるよ。「韓流バブル」ははじける。みなうすうす感じてはいるでしょうけど。

「アリラン」で飲んでいる。秋のソウルを旅しながら、ふらっと入った音楽酒場。仁寺洞にほど近い路地にある。「文化空間」と冠するとおり、作家、演劇人、学者、そして新聞記者らのたまり場らしい。ひとクセもふたクセもあるインテリたちも、女主人、チェ・ウンジンさんが、そのでっぷりした体を揺すり、スタンドマイクで歌い出すやいなや、小難しい顔をほころばせ、口ずさむ。

自らを「プンガクチェンイ（流しの楽士）」と称するウンジンさん、好みは一九三〇年代、植民地支配下の流行歌。たとえば、テーマソングでもある朴響林《パクヒャンリム》の「兄ちゃんはプンガクチェンイ」。♪プルコギ　トッポキ　ひとりで食べちゃって　あたしはキュウリにモヤシばっかりよ　兄ちゃんの欲張り　兄ちゃんの意地悪　兄ちゃんのけちんぼ……。日本語にすればこんな感じだろうか。コミカルで、哀愁が漂って。アコーディオンに乗せた脱力の歌唱に味がある。

ピビンバとビールでほろ酔いになりながら、思う。どうしてあのころの歌なのか？「経済は豊かになっても大衆文化が貧しくなったでしょ。いまの韓国社会は競争をそのかす雰囲気だけが充満してしまって」。世界へ、世界へ、鼻息の荒いＫ－ＰＯＰへのアンチテーゼかもしれぬ。いいぞ、ウンジンさん。泥くさく民衆の喜怒哀楽を歌ってくれ。プンガクチェンイの心意気で。

呑んべえ列伝⑰　西村賢太さん（作家）

「苦役列車」で芥川賞　赤ちょうちんでわしわし、がぶがぶ

（二〇一一年三月一〇日）

受賞会見で「そろそろ風俗に」

あやしげなネオン、まとわりつく呼び込みの兄ちゃん、走り回るガールズバーの派手な宣伝カー。闊歩するＧＤＰ（国内総生産）世界第二位の中国人観光客ご一行も目を丸くしている。ここは夕暮れ迫る新宿・歌舞伎町。路地裏にある焼き鳥屋に西村さんと入った。夕刊紙に読みふけるおやじがいれば、わけありカップルもいる。キャバクラ嬢はしきりに携帯電話を気にしている。そんな風景にヒゲ面の巨体が溶け込んでいる。

「なんか僕、夜な夜な飲み歩いているイメージがあるみたいなんですよね。鶯谷の居酒屋でおちょうし二三本って最高記録はあります。でも最近は家で夜中の三時くらい

まで仕事をして、それから宝焼酎の『純』を水割りで五〜六杯飲んで寝てますね。つまみは缶詰とか柿ピーくらいで。受賞祝いに版元の新潮社がお酒をくれるというので、『純』を四ケース送ってもらいました。ハハハ」

とはいえ、飲むわ、飲むわ。レバ刺しを平らげ、焼き鳥をほおばり、ウーロンハイをがぶがぶ。たばこもぷかぷか。たしか受賞会見で「そろそろ風俗に行こうかなと思っていた」と笑わせてくれた。歌舞伎町あたりは「庭」？「遊ぶのはたいてい五反田や大塚。新宿や渋谷から若い女の子が流れてきてるので。受賞してからは行ってません。行きそびれました。彼女らブログやってるでしょ、揶揄《やゆ》されたりもする。芥川龍之介の末席に連なるものとして、そこまで面汚ししたくないですから。でも、もうそろそろ限界、このヒゲを落として髪形を変えて……」

ゆさゆさ体を揺らし、飲むほどに声は大きく、愉快になっていく。たまに酔っ払って野獣になるとのうわさを耳にしていたから、ほっとひと安心する。鳥を焼くご主人も笑っている。有線から石原裕次郎の歌が流れてきた。「かっこいいよなあ。『太陽にほえろ！』のころから裕ちゃん、大好きなんですよ」。そういえば、芥川賞の選評で、兄の石原慎太郎さんが〈この豊穣《ほうじょう》な甘えた時代にあって、彼の反逆的な一種のピカレスクは極めて新鮮である〉と激賞していた。

「たぶんピカレスクって言葉、悪漢小説って意味でしょうけど、違います。『苦役列車』の主人公、貫多は威張れる悪党なんかじゃなく、小悪党。計算高くて。でも慎太郎さんの選評が一番うれしかった。僕、ずっと読んできましたから。初期の『完全な遊戯』なんて面白かった。東京都知事としてはミソはいろいろつけたけど、作家的業績はすばらしい。鞍馬《くらま》天狗《てんぐ》みたいに消えるんだって？　その言い草が、いかにもで。もっと謙虚に言えばいいのにね」

昭和の終わり、狂乱のバブル前夜。中卒、金もなく、友もなく、コップ酒を慰めに日雇い港湾労働を続ける一九歳の貫多、痛々しくも地をはって生きていくエネルギーはあった。だが、平成の日本は不況の出口は見えないまま、大学生の就職は超氷河期。「すべて自業自得だと思うべきでしょうね。初めから大学なんかに行かず、たとえば、すし屋さんの見習とか選択肢はあったはず。与えられたレールに乗って、それで自分の理想が得られないからって社会のせいにするってどうなの」

くだんの貫多は作業ズボンのポケットに大正時代の私小説作家、藤澤清造の作品コピーを忍ばせている。長編小説「根津権現裏」でデビューするも、困窮を極め、東京・芝公園のベンチで凍死する。享年四二。西村さんは書く。〈数少ない創作は、殆《ほとん》どが貧困と鬱屈した性慾をモチーフとしている。根底に流れるのはそれらに対する〝私恨〟であったが、そのメロディーにのせた独自の恨み節は単に個人のレベルに帰するものではなく、当時の未曾有の大不況やファシズムの足音が響く社会背景の問題性も内包していた〉（「一私小説書きの弁」）

そんな清造への西村さんの傾倒ぶりはすさまじい。七巻の全集刊行を企図したかと思えば、墓の隣に自身の生前墓を建てる。ある古本屋目録に『根津権現裏』が出ていたことを伝えると、ウーロンハイのピッチが落ちた。「僕のところにも届いて。四七万円ほどだったかな。ずいぶん高くてね。私小説で初の芥川賞になった尾崎一雄の『暢気眼鏡』初版本を買って、僕の受賞記念にしようかと思っていたけど、やっぱり尾崎と縁がないなあ。こうやって出ると買わざるを得ない。義を見てせざるは勇なきなり、みたいな感じで」

いささかカビ臭い神保町の古本屋街で飲んでいる気分になってきたところへ、珍客が飛び込んできた。元「コントゆーとぴあ」のホープこと、城後光義さん（六一）。お笑い好きとみえ、西村さん、はしゃぐ、はしゃぐ。「中1のころ、『お笑いスター誕生‼』でコント見てました！」。聞けば、いまはサウナをねぐらの極貧暮らしらしい。「八九歳になるおやじが通帳から金を全部引き下ろしちゃってね。若い女につぎ込んだ。その彼女が七二歳でさ」

これにはさしもの無頼派もウーロンハイを噴きださんばかりの大爆笑。「小説になりますよ。師匠って呼ばせてください！」とぎゅっと手を握れば、コント・バカを自称する城後さんも負けていない。「本、どれくらい印税入るの？　えっ、三〇〇〇万円。社長って呼ばせてください！」と握り返す。常連客らもハラを抱えている。二人のやりとりを見ながら、西村さんが心に掲げている清造の一句を思った。〈何のそのどうで死ぬ身の一踊り〉

「僕、すでに清造より長く生きてきた。二〇代で死んでいたら文学史に残っていたんだけど、失敗しましたなあ。命を惜しんだばっかりに。なんとか全集を出し終えたら、いつ死んだっていい。清造の死に方をちょっとアレンジして。まったく同じじゃねえ。三島由紀夫は市ヶ谷で自決する直前、ＮＨＫとサンデー毎日の記者に遺書を託したでしょ。僕もそうするかな。ハハハ」

死を語りつつ、生への貪欲さがほの見える。矛盾しているようでいて、救われる。

不思議な感覚にとらわれ、つい無頼派の飲みっぷりにあわせていたら、いつしか足元ふらふら。苦役ならぬ夢見心地の列車でもう一軒ハシゴした気もするが、覚えていない。

◇西村賢太（にしむら・けんた）
一九六七年、東京都生まれ。貧困にあえぎながら、二〇〇三年同人雑誌『煉瓦』に参加して小説を書き始める。二〇一〇年『苦役列車』で第一四四回芥川賞受賞。一九万部のベストセラーとなる。二〇一一年七月には、新潮社から藤澤清造の代表作『根津権現裏』を新潮文庫より復刊させた。

第94夜　つよし【上石神井】

母ちゃんの煮物

（二〇一一年一二月二六日）

♪日本の未来はＷｏｗ×４……。テレビでモーニング娘。が「ＬＯＶＥマシーン」を歌っていた。ちょっと昔がすごく懐かしい。あちこちの盛り場を飲み歩きながらも、気がつけば地元酒場に足が向く。そこにあるだけでうれしい。どちらも３・11からの変化だなあ。

「つよし」で飲んでいる。西武新宿線上石神井駅から一五分、井草通りにある居酒屋。たまたま降り立った駅に居ついた関西人の小生、右も左もわからぬ土地になじめたのは、わがまま料理が看板のこの人情赤ちょうちんのおかげである。働き者の夫婦が営む八百屋の二階、マスターは息子の毅さん、頼りがいある元ラガーマンで、ご近所情報なら知らぬことなし。

ちょうど二〇周年を迎えたばかり。「つよし君おめでとう！」。常連客が声をかけ、カウンターを埋めていく。マスターは体を縮めながら「マグロがうまいよ！」と返し、赤字覚悟の極上刺し身がさりげなく出てくる。大テーブルでは近くの消防署員が忘年会。「ご苦労さまです」。自慢の鶏の唐揚げは大盛りになる。震災では東北の被災地へ向かった署員もいたらしい。

リクエストにはすべて応える。地元小学校の給食メニュー、和風スパゲティ「練スパ」もあれば、練馬ダイコン焼酎もある。かいわいは東京なのに畑が残る。田舎っぽさがふるさと感をぐんと増す。「よくやってこれたよなあ。駅前でもないのにさ。お通しで出してる母ちゃんの煮物の力かもしんない」。その母ちゃん、座骨神経痛で立っていられなくなり、半世紀続いた八百屋ののれんを下ろした。「恩返ししなくちゃね。ほっとしていただける煮物くらいしかできないけど」。それでいいよ。

第95夜　紙ふうせん【神戸】

炊き出しの大鍋

（二〇一二年一月一六日）

年が明け、えべっさんの福男のニュースが届くと、ああ、もうじきだなあと思い出される。一九九五年一月一七日の阪神大震災のこと。あの夜、倒壊した高速道路を横目にがれきをかいくぐり、ようやくたどりついた神戸の下町を炎がなめつくそうとしていた。そして空に浮かぶ赤い月……。

「紙ふうせん」で飲んでいる。ＪＲ鷹取駅からほど近い神戸市長田区日吉町にある居酒屋。震災で焼け野原になったあたりは区画整理され、どこかひんやりしたたたずまい。でも、路地に赤ちょうちんの灯がともれば、おっちゃん、おばちゃん、おじいちゃん、おばあちゃんがひとり、またひとり吸い込まれていく。お目当てはひと抱えもある大鍋で煮込まれるおでん。

おかみの池田美代子さんの自宅も全焼した。すべてを失った。「駅のホームで主人に突き落として！　と頼んだ」。絶望しかなかった。「あほなこと言うな」。そう叱ってくれた夫が心筋梗塞《こうそく》で急死する。町会長として奔走していたらしい。涙に暮れながら、みなが顔を合わす場所がいる。いつしかそう考えていた。三年後、自宅を再建し、一階に小さな酒場を開く。

ふんわり支えてほしくて屋号を決めた。ずぶの素人だから、どうすれば喜んでもらえるかわからない。浮かんだのが避難所での炊き出し。「温かいものを分けあって食べると心までぽかぽかした」。公民館から大鍋を譲り受け、カウンターの角にでんとすえた。さっきからダイコンと牛スジが湯気を立て、うまそうに煮えている。隣で白髪おばあちゃん、震災のときから着ているセーターで孫自慢が続く。ビールは三本目。「大鍋に助けられた。ありがとう。ありがとう」

第96夜　椎名【江戸川橋】

テヌキなしの幸せ

（二〇一二年一月二三日）

もうそろそろ気づかなくちゃ。便利さばかり求めすぎた食のこと。チキンラーメン、ボンカレーまでではよかったんじゃない？　うまいうまいと評判の冷凍食品をチンしても、ちっとも幸せは感じられやしない。もっともらしい理屈を並べたところで、しょせん、手抜きに違いないからなあ。

「椎名」で飲んでいる。地下鉄江戸川橋駅にほど近い居酒屋。東京五輪の翌年、ここ地蔵通り商店街の外れに赤ちょうちんの灯をともした。元技術者、七五歳になるご主人のこだわりがすごい。コンニャク刺しはコンニャクイモをすり下ろすところからつくるし、どういう裏技か、肉汁あふれるとろとろ焼き豚がたまらない。しかも大盛りで三五〇円！　極めつきは七味トウガラシ。「ユズの皮を乾かし、トウガラシの粉と混ぜています」

さっきから胃袋にしみわたるのは通称、玉ちゃん、茶色いタマネギの皮のエキスを焼酎で割っている。むろん自家製。ホットもいける。ご主人の辞書に〈テヌキ〉の三文字はないらしい。「みなさんに喜んでもらいたいからね。うちじゃ業務用は使わないよ」。そう言って注文を受けた月見とろろ、ヤマイモの皮をむき、しゅっしゅとやりだした。カウンターを埋めた常連の顔に〈シアワセ〉の四文字が浮かぶ。

来る日も来る日も朝九時から仕込む。いいものが手に入れば、サバやサンマの開きも干す。どうしてそこまで？「なぜかねえ。アハハ」。やぼな質問だった。すっかり手抜き暮らしに慣れてしまっているからついつい……。ああ、いかん。しょげていると、帰りがけ、七味トウガラシの小瓶をいただいた。下町酒場のご主人、その白衣が凛《りん》として見えた。

第97夜　鈴木酒場【浅草橋】

「鈴木」の酔い心地

（二〇一二年一月三〇日）

あちこち飲み歩きながら、わが名、鈴木を冠した屋号にとんとお目にかからない。いまはどうか知らないが、小学校のころ、日本一多い名字とはやされ、ちょっと肩身が狭かったのを覚えている。ありふれた屋号じゃ商売あがったりということか？　でも、ついに、そう、ついに見つけた。

「鈴木酒場」で飲んでいる。ＪＲ浅草橋駅西口から左衛門橋通りを五分ばかりのところにひっそりたたずむ居酒屋。なんでも酒屋として先代が昭和二（一九二七）年に創業、戦後まもなく酒場に衣替えした。そんな老舗を知らなかったとはうかつだった。味のあるヒノキのカウンターに昭和がしみ込んでいる。落語家の世界を描いた国分太一さん主演の映画「しゃべれどもしゃべれども」のロケにも使われたらしい。

煮込みに馬刺し、絶品下町グルメをつまみ、灘の酒「忠勇」を熱燗《あつかん》でやる。おしゃべり大好きな二代目ご主人、鈴木敏夫さんにもらった名刺には〈鈴木酒場代表者〉とある。なんかいい。「アハハ。飾らないのが、とりえといえばとりえですかな」。少し薄暗い。見れば、三つある電球の二つを外してある。柱に〈大地震のため、節電をさせていただきます〉。あの日を忘れない。ご主人はただただ照れている。

同じ姓のひいき目で言うんじゃないが、実に居心地いい。ありそうでない、本物の居酒屋がここにある。聞けば、年季の入ったのれんを歌舞伎通の元NHKアナ、山川静夫さんもちょくちょくくぐるとか。小上がりに色紙が飾ってあった。〈一笑一若一怒一老〉。なんかいい。いつか鈴木酒場で鈴木会をやりたいなあ。「ぜひ私も参加させてくださいよ」。ご主人が笑った。

第98夜　こうこ【高田馬場】

平壌を見つめて

（二〇一二年二月六日）

『父・金正日と私』（文藝春秋、二〇一二年）が売れている。著者は東京新聞編集委員の五味洋治さん。かの金正男氏との独占インタビュー、加えてメール一五〇通で肉声を伝えている。一読、再読、めちゃくちゃ面白い。祖国を離れ、いまも隠遁《いんとん》生活を続ける人物がなぜ彼だけに心を許したか？　ちょっとわかる気がする。

「こうこ」で飲んでいる。ＪＲ高田馬場駅近くの路地にある居酒屋。サザエさんそっくり、割烹着の似合うおかみの笑顔とぬか漬けの味が恋しくて通っている。二年前、中朝関係本を出版したばかりの五味さんとここで一献傾けた。なにせ北京に赴任するや、暇さえあれば、北朝鮮大使館そばのベンチにじっと座っていた記者である。人の出入りを観察し、じわじわと近づいていく。

朝鮮語に英語、中国語まで操れる。同じ平壌ウオッチャーながら、小生との共通項は痛風持ちの呑んべえということくらい。気がつけば、サザエさんともすっかり打ち解けていた。「やさしそうな、いい方よね」。二〇年近くカウンターの内側から酔客をながめてきた言葉である。記者然とせず、昭和の居酒屋になじむまじめなサラリーマンといったたたずまいが好もしかったに違いない。

八時になるとカラオケ解禁となる。酔っ払った勢いで二人してマイクを握った。歌うは懐かしの韓国トロット（演歌）オンパレード。底抜けに明るくて、どこか切ない。そういえば、正男氏も赤坂の高級クラブで歌っていたらしい。南を支持する人、北を支持する人、むろん日本人もいた。

〈いつかこういうふうに壁がなくなればいいと思ったものです〉。告白本で正男氏はそう語っている。

第99夜　パーンの笛【大津】

おかっぱ娘とジャズ

（二〇一二年二月一三日）

生まれ育ったのは琵琶湖のほとり、大津市の旧市街地にあるオンボロ長屋である。風呂もなかった。そんなわが家の隣に住んでいた幼なじみにひょっこり再会した。「レイコちゃんと違うんか？」「えっ、タクマちゃん！」。時は流れて、はな垂れ坊主もおかっぱ娘も五十路を過ぎていた。

「パーンの笛」で飲んでいる。JR大津駅から湖へ下る道沿いにある、一〇人ほどでいっぱいの小さなジャズバー。くすんだ色に沈んだふるさとをちょっぴり悲しく思いながら歩いていると、真っ赤なドア。昔、野球帽を買った帽子屋があったところである。そっとドアを開けば、なんとカウンターにレイコちゃんがいるではないか。オープンして五年、ママだった。

とっぷり日が暮れるまで路地で、湖畔で泥んこになって遊んでいたころのまま。「タクマちゃんこそ、近所で有名なガキ大将やったやんか」。なんでも大学を卒業して東京で就職したものの体を壊し、帰郷した。子育ても一段落して、ふと思った。「面白いことしたいなあ」。かつてバイトしていた地元ジャズ喫茶の屋号をもらい、一人でカウンターに立った。

わが悪童時代を知るママのつくるバーボンの水割りはほろ苦く、酔いもすこぶる早い。いささか感傷に浸っていると、しようがないねという顔をした。「こっちでいろいろやってるのよ！」。聞けば、全国のジャズ好きを集めて「大津ジャズフェスティバル」を開催しているらしい。「もう四年になるの。歴史のある町だけど、それだけではあかんし」。大津といえば、ニューヨーク帰りの弁護士、越直美さんが史上最年少の女性市長になったばかり。「飲みにきてほしいな」

最終夜　金華園【浅草】

♪勤続三〇年、まだ飲むぞ

（二〇一二年三月二六日）

人事部から封筒が届いた。開けると、勤続三〇年賞与のお知らせ。ひゃっほー。仕事はしなかったが、よく飲んだなあ。思えば、わが酒まみれ人生を決めたのは学生時代にはやった宴会ソング「日本全国酒飲み音頭」。♪一月は正月で酒が飲めるぞ　酒が飲める飲めるぞ　酒が飲めるぞ……。

「金華園」で飲んでいる。浅草は通称、ホッピー通りそばの居酒屋。いとしの呑んべえ芸人、ベートーベン鈴木さんが、出演している近くの東洋館からきてくれた。元コミックバンド「バラクーダ」のメンバーで、くだんの酒飲み音頭を歌っていた。いまはピン。「僕があなたの運命の人かあ。ベートーベンだけにね。あの曲は『ビビディ・バビディ・ブー』をヒントにしたのよ。アハハ」

看板の牛スジ煮込みでなく、出てきたのはごくごく普通の柿ピー。「ピーナツが六割、柿の種が四割。この比率でなくちゃ」。大津波にのまれた岩手県山田町へ芸人仲間と「お笑い」の出前をしてきたらしい。「酔っ払いのおじさんにもっとまじめにやれって怒られたよ」。まじめなんだけどね。「柿ピー音頭ってどう？　ここらでどかーんと大ヒットが欲しいからさ」。で、前祝いの乾杯をしたら、切り盛りする美人姉妹がケラケラ。

浅草の夜が更けていく。「酒に唄えば」の気分だなあ。♪勤続三〇年で酒が飲めるぞ　酒が飲める飲めるぞ　酒が飲めるぞ……。あの横丁、あの赤ちょうちん、あの路地裏、あの縄のれんが浮かぶ。前身のコラム「今夜も赤ちょうちん」から数えてまる六年、呑んべえコラムもこれでおしまい。長らくのご愛読ありがとうございました。また、どこかのカウンターでお会いしましょう。

文庫特別対談　酒と飲み屋と新聞記者

小泉信一（こいずみ・しんいち）　一九六一年神奈川県生まれ。参拝客でにぎわう川崎大師の門前町で育つ。大学卒業後、三年余の列島放浪をへて、一九八八年に朝日新聞社に入る。東京社会部で遊軍や下町を主にまわる。現在は「大衆文化担当記者」。色物芸、大衆演劇、寅さん、演歌、酒場、キャバレー、戦後のストリップ史に詳しい。北海道稚内から沖縄まで、全国津々浦々の酒場や路地を徘徊。趣味の銭湯巡りは年間一〇〇軒以上になる。著書に『東京下町』『おーい、寅さん』『東京スケッチブック』など。

鈴木　なんか忙しいのに悪いね。

小泉　いやもう全然、全然。

鈴木　あまたあふれる居酒屋本のなかで、この本の特色は「新聞記者が書いた」ことくらいで。ライバル紙だけど、下町の赤ちょうちんとくれば、小泉信一さんだから。「新聞記者と酒」ということでひとつよろしく。大衆文化担当らしいけど、どんな仕事なの？　フーテンの寅さんを追いかけてるの？

小泉　その前にね、「大衆文化担当」なんて仰々しい肩書がついているけど、僕は裏町酒場や演歌が好きだし、浅草では色物芸ばかり見てきた。売れない芸人のことばかり気になってね。ストリップやキャバレーもそうなんだけど、いまの世の中で絶滅しかかっているもの、「不要」とされるものに無性に愛情を注ぎたくなるんだ。そんなことばかり取材してきたので、なんか肩書をつけようと、いまの社長が命名したんです。肩書なんてまあどうでもいいことだけど、やはり寅さんのことは気になってね。寅さんには興味を持つようになったのは「渥美清」という人間への関心からだった。渥美さんが亡くなった後、渥美清さんの親友の関敬六さんと知り合い、関さんが小岩で経営していたスナックが廃業するという記事を書いた。それがきっかけで、関さんと親しくなっちゃってね。当時、僕は新小岩に住んでいて、たまたま関さんの自宅にも近かった。だから毎晩のように関さん宅に転がり込んで。関さんはアルコールは飲まないんだけど、酔っぱらった僕を結構かわいがってくれてね。「渥美清」という不思議な男の知られざる面をいろいろ話してくれたんだ。もちろん寅さんと渥美さんはイコールではないけど、重なり合う部分もある。

で、いまはあの映画に出た女優さんや共演者にとことん会ってやろうと思い、昨年四月から日曜日に「寅さんの伝言」というコラムを書いています。九月末で七〇回近く。六〇人近い人に会ってきたけど、ホント狂気の沙汰だね。でもそこまで徹底しないと、やはりいいものは書けないと思う。偉そうなことを言うけど。

鈴木　うらやましい。日本の新聞社でただ一人だろうね。朝日の英断だよ。二人とも記者クラブとは無縁、いつも下町をうろうろしてるけど、どこで出会ったんだっけ？

小泉　平さんですよ。平さん。

鈴木　吉村平吉さんを偲《しの》ぶ会だった。吉原の生き字引で、かわいい呑んだくれで、作家の吉行淳之介さんらとも親交があって。好きだったなあ。（94ページ参照）

小泉　平さんとはね、三日に一度飲みに行ってた。元日も家族と過ごさないで、平さんの自宅で煮豆なんかをつまみにブランデーを飲んでね。最初は吉田司さんが『AERA』の「現代の肖像」に吉村平吉さんのことを書いていた。で、こんな面白い人がいるんだっていうので。まあ、飲んだ後に吉原へ行ったりとか、いろいろ教えてもらいましたよ。

平さんって変な人で、八四歳まで生きたんだけど、亡くなってから五日後くらいに自宅アパートで見つかったんですよ。玄関先に新聞や牛乳が置いたままになっているのを不思議に思った管理人さんが見つけた。もう息絶えていた。まるで永井荷風だよ。僕は身元引受人みたいなもんだったから管理人さんから朝六時半ごろ電話がかかってきたんです。一応、変死扱いなので駆けつけたときは平さんは下谷警察署の霊安室にいた。まるで寝ているような顔でね。霊安室で僕はたったひとりで向き合ったんだけど、不思議に寂しいとか悲しいとかいう思いはしなかった。

鈴木　ほんと平さんって、すごいと思う。酒の銘柄がどうとか、つまみがどうとかじゃない。昨今の居酒屋ブームの対極にある感じがする。男と女のあれこれを体験談とともに教えてもらったな。あこがれるけど、まあ、足下にも及ばない。もっと一緒に飲みたかったなあ。それにしてもこのごろの新聞記者は飲まない。

小泉　そうだね。あんまり飲まないなあ。

鈴木　昔はアル中みたいのがいたりもしたけど。もちろん、アル中はよくないけど、豪傑がいた。それでいて名文家だったりして。

小泉　うちにも「バッカス」ってあだ名を持った編集委員がいましたよ。僕、駆け出しの頃からすごくかわいがってもらった。で、社会部の泊まりの日はバッカスの家に行って、夕方飲んでから出社する。部長公認ですよ。というか、飲んでこないと「何やってんだ！」って言われる。

鈴木　へえ、朝日のイメージ変わるね。毎日の先輩では佐藤健さんという怪物がいた。

小泉　ええ、知ってますよ。

鈴木　新聞記者を超えた新聞記者で、自ら坊さんになって『ルポ仏教 雲水になった新聞記者』なんて名著も残してる。星野哲郎さんの伝記も書いた。文章がいい。飲みに飲んだ記者で、葬式がよかった。遺影のある祭壇に一升瓶がずらっと並んでね。見事だった。

小泉　もともとストレスないんだよ。なんか泥くさい悩みとか持ってないのね。スマートなんだよ、ゆで卵みたいにツルンとしているんだ。

鈴木　でも、記者なら、取材相手から本音を引き出さなきゃいかんのじゃないの。人の心をほぐして情報を取るのが仕事でしょ。

小泉　そうそう。自分の酒場に引き込んだら勝ち、みたいなのはあるよね。それは政治家から芸人さんから作家から、普段かぶっている、その仮面とか衣とかをはがしていくためには、まず酒場に連れていけって思う。

鈴木　同感。菅直人夫人の伸子さんと居酒屋でインタビューしたけど、めちゃくちゃ面白かった。二人で二升飲んで、へべれけになりながら。

小泉　そういえば、うちにはジャーナリスト学校っていうのがあるんですよ。
鈴木　ええっ！　ジャーナリスト学校？
小泉　そう、ジャーナリスト学校。
鈴木　なに、それ。
小泉　新入社員を研修したり、ベテラン記者を大学に派遣して講座を受け持ったりとか。僕も講師に呼ばれたことがあるんだけど、九〇分の講義を三〇分で終わったりしたのでもう呼ばれなくなった。フーテンの寅さんがマドンナにふられる場面なんかを上映して、「君だったらどんなセリフを言う？」なんて荒唐無稽な授業もやったな。生徒たちには喜ばれたんだけど、管理する側からすると「こんな先生は困る」という訳。
鈴木　カリキュラムに居酒屋とかあるの？
小泉　ないない。
鈴木　やっぱり酒場のたしなみ、酒場の力を教えないとダメだよ。小泉さん、酒場の先生になればいい。「街場」（©内田樹）でどれだけ信頼されてるか、知ってるから。
小泉　下町を歩いていて、悔しいほど名が通ってるからね。教える前にこっちが酔っぱらってしまうかもしれないけど、酔っぱらったほうがいい授業ができるかもね。ところで、かつて朝日に「街」ってコラムがあってね。市井のちょっとしたドラマ、庶民の喜怒哀楽をつづっていて大好きだった。あんなのが書きたくて新聞記者になった。

鈴木　あれはよかった。ああいう人情コラムが新聞からどんどん消えた。「今夜も赤ちょうちん」は「街」を意識してたんだけど。

（しばし居酒屋の有線に耳をすます）

小泉　この曲、いいねえ。欧陽菲菲？「ラヴ・イズ・オーバー」だよね。

鈴木　やっぱり演歌かな。居酒屋って有線も味のうちの気がする。不思議だけどね。

小泉　あとはスポーツ新聞かな。演歌を聴きながら芸能欄を読んでいると、ドロドロのゴシップ記事があったりして。ああ人間っていいなあといとおしくなる。日刊ゲンダイとか夕刊フジとかもいい。日経とかはさすがに演歌に似合わないね、あれは……。

鈴木　赤ちょうちん向けじゃないね。

小泉　そうそう、面白くない。

鈴木　ところで、小泉さんにはいくつかとっておきの下町酒場に連れていってもらったけど、いい酒場の条件ってどんなの？

小泉　地方に行って、その土地の名店とされる店にも行くんだけど、「この酒の銘柄は」とか「これはどこどこの山で採れた」とか、なにかと講釈をする主人がいるわけ。正直、そういう店には二度と行きたくないね。グルメなんてどうでもいいじゃない。

カウンター席の端っこで野球帽なんかかぶったおじさんがスポーツ紙を読んでいてさ、テレビには相撲や野球中継が流れている。見知らぬお客さんがきても、みんなそっぽを向いている。そんな素っ気ない店が好きだな。煮込みかモツ焼き、ホッピー、ポテサラ、チューハイがあれば十分。僕がよく行く某店には「はんぺん」「おひたし」なんて短冊に書いてあって。言葉は悪いけど「哀れな食いもの」。でもその哀れさに無性に感動するときはある。

そうそう、店のメニューがずらりと並んだ短冊を見るのは楽しい。数えると一〇〇種類くらいあってね。短冊が扇風機の風で揺れたりしていると、「おいで、おいで」と手招きをしているような錯覚になることもある。そのなかに「カレーライス」「オムライス」「カツ丼」なんて書いてあると、それをつまみに酒を飲みたくなるんだ。

鈴木　わかる。わかる。気取った無国籍料理みたいなの嫌だなあ。それにデフレの時代だからか、安いのは結構だけれど、居酒屋チェーンも落ち着かない。やたらメニューは多いけど、体にしみわたる味っていうのがないからね。アルバイト店員が妙に気合いが入ってるのも疲れるよ。

小泉　それに僕は居酒屋には長居できない性格で、三〇分も座っていると腰がむずむずしてくる。さっと来て、さっと飲んで食べてね。月光仮面じゃないけど、疾風のように現れて疾風のように去っていく。むかし平さんが言っていたけど、そういう飲み方は一番ヤボで「箒《ほうき》」と言うんだって。箒のように、あちこち徘徊するから「箒」というのかな。でもそういう無粋な飲み方が好き。自分の感覚だけを頼りに飲み歩くというのかな。いまの店は失敗だったけど、次にはきっといいことがある、なんて思ってね。

そういえば、昔、吉田類さんとモツ焼き屋だけで八軒ハシゴしたこともあったなあ。朝、目が覚めると、ああ夕べはなんてことをしたんだ、と自己反省。二日酔いのときなんか自己嫌悪に陥る。でも、そういうことを積み重ねると、なんだか少しばかり平さんに近づいたような気がしてね。夕方、日が西に傾くと、酒場にまた行きたくなる。

鈴木　朝から晩までパソコンに向かってる記者だらけになった。記者会見中もパソコンのキーボードを叩くだけ。いいかげんにしろと言いたいね。大好きな呑んべえの先輩記者の言葉がいい。「おい、もう一軒行くぞ！　そこに特ダネが待っている」

小泉　ホント、足で稼がないとね。

鈴木　だから赤ちょうちん！　要するに居酒屋も新聞もちょっと時代遅れのメディアって感じでしょ。そこがシンクロする。人と人とが向き合ってとことん飲んで、身体をろ過した情報を書く。それをやれば生き残れる。

小泉　そう思う。僕はそこに情熱、熱き心を付け加えたいね。小林旭さんの「熱き心に」。オーロラの空の下に向かって走っていくような情熱。あとは個人的にだけど銭湯。銭湯のない人生はいやだね。だって銭湯ってみんな裸じゃない。どんなに偉い人でも裸になれば同じ。もちろん、銭湯に行ってから、さて今夜はどこで飲もうかと考える楽しみもある。「さて今夜は……」という思考の瞬間が楽しいんだよな。

鈴木　阪神・淡路大震災の焼け野原に最初に立ち上がったのは飲み屋だった。ブルーシートで缶ビールだけ。東日本大震災でも早々と赤ちょうちんの灯が揺れていた。

小泉　居酒屋には希望があるんだよな。

鈴木　そう、もう一軒、行きますか？

九月七日　新宿歌舞伎町【萬太郎】（26ページ）→【三日月】（62ページ）→【ル・マタン】にて

ちくま文庫

今夜《こんや》も赤《あか》ちょうちん

二〇一二年十一月十日　第一刷発行

著　者　鈴木琢磨（すずき・たくま）
発行者　熊沢敏之
発行所　株式会社　筑摩書房
東京都台東区蔵前二―五―三　〒一一一―八七五五
振替〇〇一六〇―八―四一二三
装幀者　安野光雅
印刷所　中央精版印刷株式会社
製本所　中央精版印刷株式会社

乱丁・落丁本の場合は、左記宛にご送付下さい。
送料小社負担でお取り替えいたします。
ご注文・お問い合わせも左記へお願いします。
筑摩書房サービスセンター
埼玉県さいたま市北区櫛引町二―六〇四　〒三三一―八五〇七
電話番号　〇四八―六五一―〇〇五三

ISBN978-4-480-43007-6 C0195